바바파파 스크랩북

Wedding Diary

_____ ♥ _____ 의

세상에 단 하나뿐인
웨딩 스토리

My Wedding Day

_____ 년

_____ 월

_____ 일

_____ 요일

AM / PM   :   시간

My Best PIC

본식 사진 중
가장 잘 나온 사진을
마스킹테이프 또는 풀로
붙이세요.

청첩장 크기에 맞게
대각선으로 칼집을 낸 후,
청첩장을 끼워 넣으세요.

CONTENTS

쓰면 이루어진다

내가 꿈꾸는 결혼 준비	♥ 012
내가 꿈꾸는 웨딩	♥ 013
내가 꿈꾸는 배우자상	♥ 014
내가 꿈꾸는 가정	♥ 015

커플 테스트

커플 히스토리	♥ 018
우리 서로를 얼마나 알고 있을까	♥ 022

Chapter 03   웨딩을 향한 우리의 여정

만년 달력	♥ 030
웨딩 지도	♥ 054
#프러포즈	♥ 056
#상견례	♥ 066
#예식장	♥ 082
#허니문	♥ 098
#신혼집	♥ 114
#스드메	♥ 130
#청첩장	♥ 162
#한복	♥ 178
#예단&예물	♥ 192
#결혼식	♥ 206

Chapter 04   러브 메시지

결혼 전, 마지막 연애편지	♥ 224
우리의 약속	♥ 226
나의 결심	♥ 228
친구들 방명록	♥ 230

쓰면 이루어진다

내가 꿈꾸는 결혼 준비

내가 꿈꾸는 웨딩

내가 꿈꾸는 배우자상

내가 꿈꾸는 가정

내가 꿈꾸는 결혼 준비

♥ 흔히들 결혼 준비는 고되다고 합니다. 그 과정에서 많이 싸우기도 하고요. 웨딩까지의 여정이 어땠으면 하는지 자유롭게 적어보세요. 쓰는 대로 이루어진다고 믿어보세요.
♥ 준비 과정에서 꼭 이루어졌으면 하는 것들을 적어보세요.
(예시 : 다이어트 성공! / 제발 크게 싸우지 말고 결혼식까지 골인하길)

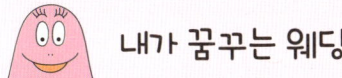 **내가 꿈꾸는 웨딩**

- 언제, 어떤 날씨에, 어떤 장소에서, 어떤 음악이 들리는 곳에서, 어떤 사람들과, 어떤 웨딩을 하고 싶은지 등 원하는 웨딩을 마음껏 써 보세요. 쓰는 대로 이루어진다고 믿어보세요.
- 꿈꾸는 웨딩에 가까운 이미지가 있다면 출력해서 자유롭게 붙여보세요.

내가 꿈꾸는 배우자상

♥ 현재의 연인이 결혼 후 어떤 배우자가 되었으면 하는지, 꿈꾸는 대로 마음껏 써보세요. 쓰면 그대로 이루어진다고 믿어보세요.
♥ 평소 이상적이라고 생각하는 부부의 사진이나 이미지가 있다면 붙여보세요.

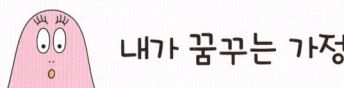 ## 내가 꿈꾸는 가정

♥ 꿈꾸는 가정의 모습을 마음껏 적어보세요. 어떤 곳에서 살고 싶은지, 그곳에 있는 자신의 모습은 어떠한지, 아이는 몇 명이었으면 하는지, 결혼 후 꼭 하고 싶은 것은 무엇인지 등 자유롭게 적어보세요.
♥ 이상적이라고 생각하는 가정의 이미지가 있다면 붙여보세요.

커플 테스트

커플 히스토리

우리 서로를 얼마나 알고 있을까

 # 커플 히스토리

우리 처음 알게 된 날

언제 만났냐면요,

....

어디서 만났냐면요,

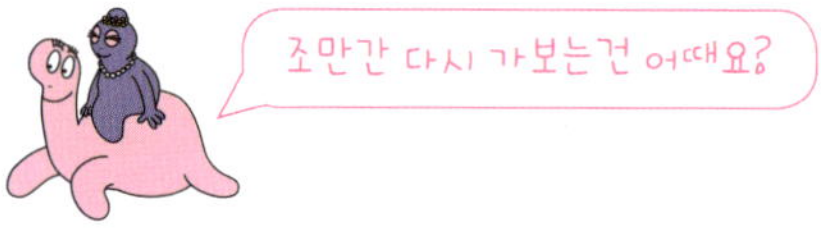

....

어떻게 만났냐면요,

....

첫인상은 어땠냐면요,

....

 **우리 처음 사귄 날**

| 년　　　　월　　　　일 |

커플이 된 직후의 느낌은요,

결혼을 처음 결심한 날

이 사람과 결혼을 하기로 한 이유는요,

우리의 첫 기념일

첫 ....

| 년 | 월 | 일 |

첫 ....

| 년 | 월 | 일 |

첫 ....

| 년 | 월 | 일 |

첫 ....

| 년 | 월 | 일 |

우리의 풋풋했던 연애 시절

- 지금까지 같이 찍었던 사진 중 가장 특별한 몇 장을 출력해서 아래에 붙여보세요.
- 언제, 어디서 찍은 건지 사진 아래 간단히 적어보세요.
- 결혼 후 시간이 지날수록 연애 시절 찍었던 사진이 매우 애틋하게 느껴질 것입니다.

우리는 서로를 얼마나 알고 있을까

이 정도는 기본이지!

항목	이름 :	이름 :
생년월일		
혈액형		
사는 곳		
현재 하는 일		
가족 구성원		
가장 좋아하는 색깔		
취미		
좋아하는 음식		
싫어하는 음식		
못 먹는 음식		
음주 습관		

좋아하는 술		
주량		
과거의 꿈		
현재의 꿈		
인생 노래		
인생 영화		
인생 책		
잘하는 것		
못하는 것		
꼭 배우고 싶은 것		
장점		
단점		

서로에 대해 이런 것도 생각해봤니?

주로 어떨 때 기분이 좋아지나요?	
예랑 :	예신 :

주로 어떨 때 화를 내나요?	
예랑 :	예신 :

말할 때 특별한 억양이나 습관이 있나요?	
예랑 :	예신 :

주로 어떻게 피로를 푸나요?	
예랑 :	예신 :

어디에 돈을 가장 많이 쓰나요?	
예랑 :	예신 :

| 로또에 당첨된다면 가장 먼저 무엇을 하고 싶나요? |

 예랑 :

 예신 :

| 다시 태어난다면 무엇이 되고 싶은가요? |

 예랑 :

 예신 :

| 살면서 가장 많이 울었던 때는 언제인가요? |

 예랑 :

 예신 :

| 죽기 전에 꼭 가보고 싶은 곳은 어디인가요? |

 예랑 :

 예신 :

| 부모님의 어떤 점을 가장 배우고 싶은가요? |

예랑 :

예신 :

서로를 깊이 이해하기 위한 질문 리스트

결혼을 준비하는 동안 틈틈이 서로에 대해 많이 묻고 스스로에 대해서도 생각해보는 시간을 가져보세요. 아래 질문 외에도 생각나는 것이 있다면 메모해두었다가 물어보세요.

☐ 인생의 롤 모델은 누구인가요?

☐ 어떤 음악을 들으면 힘이 나나요?

☐ 사춘기 시절에는 어떤 모습이었나요? 각자의 학창 시절에 대해 잘 알고 있나요?

☐ 인생에 가장 큰 영향을 준 책은 무엇인가요?

☐ 어렸을 적 꿈은 무엇인가요?

☐ 지금의 꿈은 무엇인가요?

☐ 가장 가까운 친구 다섯 명은 누구인가요? 그 친구들은 어떻게 알게 되었나요?

☐ 가장 슬펐던 기억은 무엇인가요?

☐ 버킷리스트 10가지는 무엇인가요?

☐ 학창 시절에 가장 즐거웠던 기억은 무엇인가요?

☐ 혹시 수집하는 취미가 있나요? 어떤 걸 모으고, 왜 모으나요?

☐ 결혼하면 배우자와 꼭 해보고 싶었던 건 무엇인가요?

☐ 가장 좋아하는 영화 Top3는 무엇인가요? 그 영화들을 왜 좋아하나요?

☐ 잘한다고 칭찬받았던 것은 무엇인가요?

☐ 콤플렉스가 있나요? 있다면 무엇인가요?

☐ 형제의 이름은 무엇인가요? 형제들의 성격은 어떠하며 어렸을 적부터 어떻게 지냈나요?

☐ 잘 때 꿈을 자주 꾸는 편인가요? 가장 인상적이었던 꿈은 무엇인가요?

☐ 살면서 키워봤던 동물은 무엇인가요? 결혼 후 키우고 싶은 동물이 있나요?

☐ 이상적으로 생각하는 부부가 있다면 누구인가요? 왜 그렇게 생각하나요?

☐ 돈에 구애받지 않는다면 어떤 집에서 살고 싶은가요?

☐ 부자가 되고 싶나요? 어느 정도의 재산을 갖길 원하나요?

☐ 나는 어떤 인생을 살고 싶은지 한 문장으로 말할 수 있나요?

☐ 아이를 좋아하나요? 아이를 몇 명이나 갖고 싶나요?

☐ 아이들과 진로 문제로 충돌할 때 어떻게 할 생각인가요?

서로에 대해 새롭게 알게 된 사실

- 결혼 준비 기간에 서로에 대해 충분히 대화를 나누며 알게 된 새로운 사실, 재발견했던 사실, 잊고 있었다가 다시 알게 된 사실 등을 자유롭게 기록해보세요.

Chapter 03

웨딩을 향한 우리의 여정

만년 달력

웨딩 지도

#프러포즈 #상견례 #예식장
#허니문 #신혼집 #스드메
#청첩장 #한복 #예단&예물
#결혼식

월

Sun	Mon	Tue	Wed

바쁜 일상 속 나를 다독여주는
러브 메시지

체크리스트

Thu	Fri	Sat	이번 주 할일

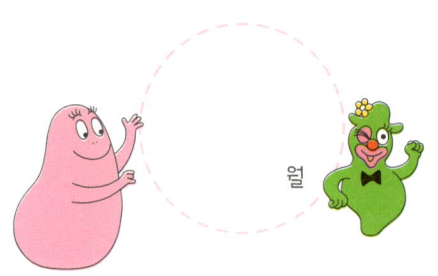

월

Sun	Mon	Tue	Wed

바쁜 일상 속 나를 다독여주는 러브 메시지

체크리스트

Thu	Fri	Sat	이번 주 할 일

월

Sun	Mon	Tue	Wed

● 바쁜 일상 속 나를 다독여주는 러브 메시지

체크리스트

♥ ....
♥ ....
♥ ....
♥ ....

Thu	Fri	Sat	이번 주 할 일

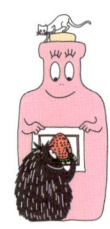 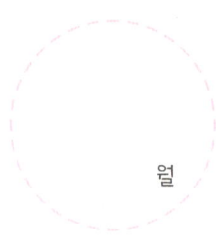 

얼

Sun	Mon	Tue	Wed

바쁜 일상 속 나를 다독여주는
러브 메시지

체크리스트

Thu	Fri	Sat	이번 주 할 일

월

Sun	Mon	Tue	Wed

바쁜 일상 속 나를 다독여주는 러브 메시지

체크리스트

Thu	Fri	Sat	이번 주 할 일

월

Sun	Mon	Tue	Wed

바쁴 일상 속 나를 다독여주는 러브 메시지

체크리스트

♥
♥
♥
♥

Thu	Fri	Sat	이번 주 할 일

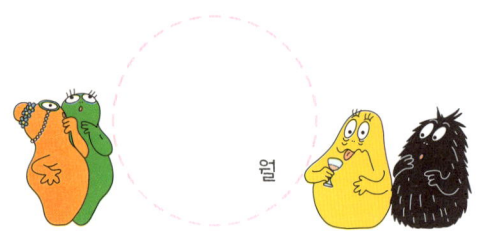

월

Sun	Mon	Tue	Wed

바쁜 일상 속 나를 다독여주는
러브 메시지

체크리스트

- ♥
- ♥
- ♥
- ♥

Thu	Fri	Sat	이번 주 할 일

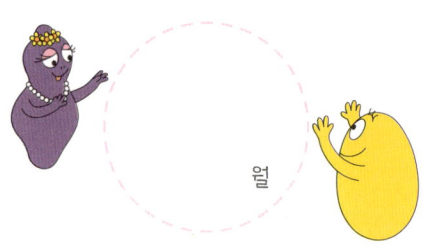

월

Sun	Mon	Tue	Wed

Thu	Fri	Sat	이번 주 할 일

월

Sun	Mon	Tue	Wed

바쁜 일상 속 나를 다독여주는
러브 메시지

체크리스트
- ♥
- ♥
- ♥
- ♥

Thu	Fri	Sat	이번 주 할 일

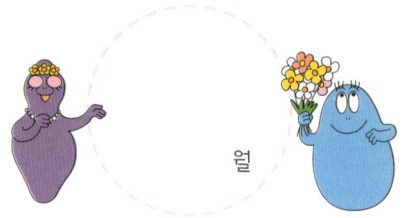

월

Sun	Mon	Tue	Wed

Thu	Fri	Sat	이번 주 할 일

월

Sun	Mon	Tue	Wed

바쁜 일상 속 나를 다독여주는 러브 메시지

체크리스트

- ♥
- ♥
- ♥
- ♥

Thu	Fri	Sat	이번 주 할 일

월

Sun	Mon	Tue	Wed

바쁜 일상 속 나를 다독여주는 러브 메시지

체크리스트

♥
♥
♥
♥

Thu	Fri	Sat	이번 주 할 일

🌸 웨딩 지도

순서	항목	유의 사항 및 세부 내용	적합 시기
0	프러포즈	큰돈을 들이지 않더라도 상대방이 생각지도 못한 순간에 정성껏!	결혼 결정 전
1	상견례	• 양가의 중간 위치로 선정 • 양가의 취향을 고려한 메뉴 • 신랑이 주도할 것	본식 6개월 전
1	플래너 정하기	꼭 직접 만나 2시간 정도 상담받고 결정	본식 6개월 전
1	스튜디오 예약	스튜디오 리스트 작성 후 방문 상담, 웨딩 촬영일 예약	본식 6개월 전
1	드레스 투어 예약	드레스숍 리스트 작성 후 투어 일정 예약	본식 6개월 전
1	메이크업 예약	메이크업숍 리스트 작성 후 방문 상담, 예약	본식 6개월 전
1	예식장 예약	• 양가 협의하에 위치 선정 • 플래너에게 의뢰	본식 6개월 전
1	허니문 세부 사항 예약	• 지역 결정 • 인터넷 검색 • 업체 상담	본식 6개월 전
2	사용 가능 금액 한도 정하기	만기 남은 적금, 카드 이용까지 포함	위 사항 정한 후
3	항목별 예산 정하기	자신의 상황에 따라 소신껏 정할 것	위 사항 정한 후
4	스킨 케어	보통 본식 3개월 전 5~10회로 나눠 꾸준히 관리	본식 3개월 전
5	예단 준비	상견례 이후 양가 협의하에 결정	본식 1.5개월 전
6	드레스 투어	• 3군데 정도 투어 • 투어비(피팅비) : 숍당 3만 원 • 소요 시간 : 약 1시간	촬영 2개월 전
7	한복 맞춤	업체 리스트 작성, 방문 시기 정한 후 요청	촬영 1개월 전
7	예복 맞춤	업체 리스트 작성, 방문 시기 정한 후 요청	촬영 1개월 전
8	예물 맞춤	업체 리스트 작성, 방문 시기 정한 후 요청	상시 (혹은 촬영 2주 전)
9	리허설드레스 가봉	• 방문 희망일 1개월 전 예약 • 소요 시간 : 약 1시간 30분 • 신부 : 화이트드레스 2벌 + 컬러드레스 1벌 • 신랑 : 턱시도 1벌	
9	메이크업 상담	• 헤어 + 메이크업 상담 • 소요 시간 : 20분(생략 가능)	

순서	항목	유의 사항 및 세부 내용	적합 시기
10	청첩장 제작	• 샘플 고르고 제작 시작 • 예상 하객 수 + 50장 추가	
11	웨딩 촬영 (스튜디오 리허설 촬영)	• 소요 시간 : 메이크업 1회 3시간 + 촬영 4시간 • 촬영 분량 : 20쪽 or 30쪽짜리 1권	본식 1.5개월 전
12	본식 세부 내용 결정	• 주례, 축가는 누가 할 것인가? • 포토테이블은 어떻게 꾸밀 것인가? • 식전 영상은 어떻게 만들 것인가? • 부케는 누구에게 줄 것인가? • 폐백, 이바지는 어떻게 할 것인가?	본식 1.5개월 전 (웨딩 촬영 직후)
	폐백 음식 준비	전문 업체 통해 최소 본식 1개월 전 예약	
	축가 및 축하 연주 선정	지인도 좋지만, 업체 활용 추천	
13	청첩장 줄 사람과 만남	청첩장을 누구에게 언제 줄지 미리 리스트 만들어 연락	본식 1개월 전 (웨딩 촬영 2주 후)
	사진 선택 및 액자 제작	사진을 빨리 선택해야 앨범, 액자 제작이 빨라짐	
14	본식 드레스 가봉	• 턱시도와 웨딩드레스의 조화를 볼 것 • 신부 : 화이트드레스 1벌 • 신랑 : 턱시도 1벌 • 소요 시간 : 약 1시간(평일 기준)	본식 2주 전
	본식 때 진열할 액자 수령	예식 전달 미리 수령 or 당일 아침 신랑이 수령	
	부케 받을 사람 선정	반드시 확답을 받고 약속을 정할 것. 없을 경우 생략 가능	
15	함	시기, 방식 조정 가능. 예물, 신부 옷, 화장품 등을 넣음	본식 일주일 전
16	이바지 음식	이바지 전문 업체 활용	본식 전후 (상황에 따라 다름)
17	허니문 준비	• 가방 싸기 • 환전 • 여행지 정보 수집	본식 전까지 상시로 준비
18	본식	• 본식 5시간 전 집에서 출발 • 메이크업 1회 : 약 3시간 소요 • 예식장까지 이동 시간 체크	본식 당일
19	허니문	본식 전날에는 짐을 모두 싸놓고, 환전도 미리 할 것	본식 직후 (상황별로 다름)
20	앨범, DVD 수령	사진 및 동영상 확인	본식 2개월 후

『결혼대백과』(정주희 저, 청림Life) 168~169쪽 표 인용

프러포즈

내가 꿈꾸던 프러포즈는요

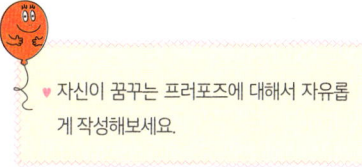
자신이 꿈꾸는 프러포즈에 대해서 자유롭게 작성해보세요.

 ## 꺄~ 오늘 프러포즈 받았어요!

| 년   월   일 |

어디서 받았어?

어떻게 받았어?

프러포즈는 어떤 멘트로 시작했어?

솔직히 눈치채지 않았어?

무엇이 가장 맘에 들었어?

프러포즈와 함께 받은 것은 뭐야?

기분이 어땠어?

바로 승낙했어?

프러포즈를 받고 가장 먼저 알린 사람은 누구야?

내 마음 좀 알아줘

♡ 준비 과정 중에 들었던 솔직한 심정을 써보세요.

속상해

이건 좋아

후회돼

다짐!

토닥토닥

♡ 속상한 마음이 있다면 아래에 자유롭게 적으면서 오늘 안으로 훌훌 털어버리세요. 스스로를 토닥이고 결혼 선배들의 조언을 귀담아 들어보세요.

셀프 위로

결혼 선배들의 조언

♥ 축하해! 분명 기쁘고 설레면서도 한편으로는 뒤숭숭할 텐데 너무 복잡하게 생각하지 말길.
♥ 프러포즈 안 받고 결혼한 커플도 꽤 많아. 못 받았다고 너무 속상해하진 마.
♥ 앞으로 속상한 일이 있더라도 이때를 떠올리며 웃어보도록 해!

나중에 다 추억이 될 거야

♡ 프러포즈와 관련된 영수증, 사진, 이미지 등을 자유롭게 붙여보세요.
♡ 사소한 것도 나중에 다 중요한 기록이 될 것입니다.
♡ 못 다한 이야기, 인상적인 에피소드, 글로 남기고 싶은 감정 등이 있다면 자유롭게 적어보세요.

| 프러포즈 |
| 상견례 |
| 예식장 |
| 허니문 |
| 신혼집 |
| 스드메 |
| 청첩장 |
| 한복 |
| 예단&예물 |
| 결혼식 |

프러포즈

상견례

예식장

허니문

신혼집

스드메

청첩장

한복

예단&예물

결혼식

상견례

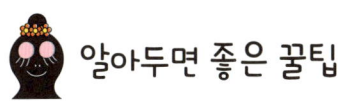 ## 알아두면 좋은 꿀팁

○ 가족의 식성, 알레르기 유무 등을 미리 꼭 알아두세요.

○ 상견례 전 예약 장소에 반드시 직접 방문하여 주차, 예약, 룸 컨디션을 확인하세요.

○ 서로의 가족 관계 및 가족 구성원의 직업, 성격 등에 대해 알아두세요.

○ 말투나 성격 등으로 오해가 없도록 이에 대해 서로 미리 이야기를 나누세요.

○ 자리 배치를 미리 하여 신랑이 안내할 수 있도록 하세요.

○ 식사 종류에 따른 에티켓을 미리 알아두세요.

○ 의상은 어른이 보기에 단정해 보이는 것으로 준비하세요.

○ 상견례가 끝나면 배웅 후 감사 전화나 메시지를 꼭 보내세요.

○

빈칸에는 본인이 알아낸 꿀팁을 추가해보세요.

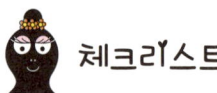 **체크리스트**

♡ 상견례 날짜 : _____년 _____월 _____일 _____요일 (AM / PM) _____시 _____분

♡ 참석 인원 : 신랑 측 _____명 / 신부 측 _____명

	• 상호 : • 담당자 :	• 상호 : • 담당자 :	• 상호 : • 담당자 :
위치			
연락처			
식사 종류			
명함 (받았는지 체크)			
식사 비용			
주차 유무			
상견례 일자 예약 가능 여부			
기타 사용료			
총 예상 비용			
예약금			
잔금			

♥ 068

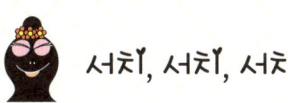# 서치, 서치, 서치

♡ 상견례와 관련해서 조사한 내용을 자유롭게 메모해보세요.

프러포즈

상견례

예식장

허니문

신혼집

스드메

청첩장

한복

예단&예물

결혼식

 돈이 얼마나 들까?

♡ 항목에 따라 예상 금액과 실제 금액을 적어보며 현실적인 계획을 세워보세요.

항목	예상 금액	실제 금액	비고

항목	예상 금액	실제 금액	비고

나의 바람 vs 타인의 의견

♡ 내가 바라는 상견례와 타인이 말하는 상견례에 대한 의견을 적어보세요.
♡ 준비 기간 중에는 수많은 사람의 의견을 듣기 마련입니다. 좋은 의견은 참고하되 남의 말에 휘둘리지 않으려면 자신의 생각과 타인의 생각을 정리해보는 게 도움이 됩니다.

나의 바람

vs

타인의 의견

다른 사람들의 말, 말, 말

♡ 다른 사람의 조언이나 오지랖, 기분을 상하게 했던 말, 힘이 되었던 말 등을 적어보면서 혼란스러운 마음을 가다듬어보세요.

내 마음 좀 알아줘

♡ 준비 과정 중에 들었던 솔직한 심정을 써보세요.

속상해

이건 좋아

후회돼

다짐!

토닥토닥

♡ 속상한 마음이 있다면 아래에 자유롭게 적으면서 오늘 안으로 훌훌 털어버리세요. 스스로를 토닥이고 결혼 선배들의 조언을 귀담아 들어보세요.

셀프 위로

결혼 선배들의 조언

♥ 많이 긴장되겠지만 남들도 다 하는 거라고 생각하고 조금만 편하게 마음먹자.

♥ 상견례 중간에 갑자기 대화가 끊기면 분위기가 어색해질 수도 있으니까, 예비 신랑과 함께 미리 공통의 관심사를 준비해놓고 가는 게 좋아.

♥ 정치나 종교 얘기로 빠지지 않게 조심해. 정치 얘기로 빠졌다가 수습하느라 정말 힘들었어.

나중에 다 추억이 될 거야

♡ 상견례와 관련된 영수증, 사진, 이미지 등을 자유롭게 붙여보세요.
♡ 사소한 것도 나중에 다 중요한 기록이 될 것입니다.
♡ 못 다한 이야기, 인상적인 에피소드, 글로 남기고 싶은 감정 등이 있다면 자유롭게 적어보세요.

프러포즈

상견례

예식장

허니문

신혼집

스드메

청첩장

한복

예단&예물

결혼식

프러포즈

상견례

예식장

허니문

신혼집

스드메

청첩장

한복

예단&예물

결혼식

예식장

알아두면 좋은 꿀팁

하객을 위해 대중교통 이용 시 예식장까지의 동선을 확인하세요.

주차장이 만차일 때는 어떻게 해야 하는지, 주차장 안내원은 잘 배치되어 있는지, 셔틀버스는 얼마나 자주 운행되는지 확인하세요.

야외 결혼식일 경우, 우천 시 다른 홀에서 진행이 가능한지도 알아보세요.

예상보다 하객이 더 많을 경우, 식사를 추가로 얼마나 준비할 수 있는지 확인하세요.

음식은 반드시 예비 부부가 직접 시식하고 결정하세요.

단독홀이 아닐 경우 예식 간격이 너무 빠듯하면 어수선해질 수 있으니 이용 시간을 확실히 알아보세요.

폐백실, 신부대기실의 사용 시간도 확인하세요.

부대품목 비용을 알아볼 때는 현금 결제 시 공제되거나 할인되는 부분이 있는지를 확인하세요.

업체가 신생일 경우에는 프로모션이나 할인 혜택 등을 더 꼼꼼히 살펴보세요.

피치 못하게 환불하게 될 수도 있음을 염두에 두고, 환불 규정에 대해서도 알아보세요.

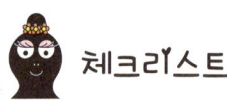 체크리스트

♡ 본식 날짜(택일) : _____년 _____월 _____일 _____요일 (AM / PM) _____시 _____분
♡ 참석 예상 인원 : 신랑 측 _____명 / 신부 측 _____명

항목	• 상호 : • 담당자 :	• 상호 : • 담당자 :	• 상호 : • 담당자 :
위치			
연락처			
교통편			
주차 시설(유료·무료 여부)			
예식 가능일 / 가능 시간			
홀 수			
홀 사용 시간			
예식 간격 시간			
수용 인원 (예상 참석 인원 초과 시 수용 가능 인원)			
메뉴 / 비용			
음주류 / 부가세 / 봉사료			
피로연장 수용 인원			
홀 대관비			
부대시설 사용료			
폐백실 사용료			
수모비 (폐백 시 도우미 비용)			
서비스 및 혜택			
기타			
지불 보증 인원			
예약금			
잔금 / 지불일			
총 예상 비용			

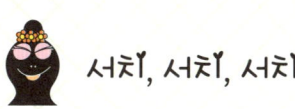

♡ 예식장과 관련해서 조사한 내용을 자유롭게 메모해보세요.

프러포즈

상견례

예식장

허니문

신혼집

스드메

청첩장

한복

예단&예물

결혼식

돈이 얼마나 들까?

♡ 항목에 따라 예상 금액과 실제 금액을 적어보며 현실적인 계획을 세워보세요.

항목	예상 금액	실제 금액	비고

항목	예상 금액	실제 금액	비고

나의 바람 vs 타인의 의견

♡ 내가 바라는 예식장과 타인이 말하는 예식장에 대한 의견을 적어보세요.
♡ 준비 기간 중에는 수많은 사람의 의견을 듣기 마련입니다. 좋은 의견은 참고하되 남의 말에 휘둘리지 않으려면 자신의 생각과 타인의 생각을 정리해보는 게 도움이 됩니다.

나의 바람

vs

타인의 의견

다른 사람들의 말, 말, 말

♡ 다른 사람의 조언이나 오지랖, 기분을 상하게 했던 말, 힘이 되었던 말 등을 적어보면서 혼란스러운 마음을 가다듬어보세요.

내 마음 좀 알아줘

♡ 준비 과정 중에 들었던 솔직한 심정을 써보세요.

속상해

이건 좋아

후회돼

다짐!

토닥토닥

♡ 속상한 마음이 있다면 아래에 자유롭게 적으면서 오늘 안으로 훌훌 털어버리세요. 스스로를 토닥이고 결혼 선배들의 조언을 귀담아 들어보세요.

셀프 위로

결혼 선배들의 조언

♥ 예식장은 양가 어르신들이 오는 곳이라는 걸 잊지 마. 특히 식사나 교통, 이런 걸로 안 좋은 소리 듣지 않게 지하철역이나 정류장부터 식장까지 동선도 꼭 확인해.

♥ 어떻게 보면, 결혼식은 인생에서 딱 두세 시간 정도 걸리는 이벤트인 셈이야. 시집 잘 간 친구를 부러워하면서 남들 한 것만큼 하려고 하면 한도 끝도 없어. 자기들 취향과 상황, 수준에 맞게 하면 돼.

♥ 나는 예식장이나 스드메에 드는 돈 아껴서 신혼여행에 더 보탰는데, 지금 생각해도 잘 한 것 같아. 본인에게 무엇이 더 중요한지 잘 생각해서 결정해.

나중에 다 추억이 될 거야

♡ 예식장과 관련된 영수증, 사진, 이미지 등을 자유롭게 붙여보세요.
♡ 사소한 것도 나중에 다 중요한 기록이 될 것입니다.
♡ 못 다한 이야기, 인상적인 에피소드, 글로 남기고 싶은 감정 등이 있다면 자유롭게 적어보세요.

| 프러포즈 | 상견례 | **예식장** | 허니문 | 신혼집 | 스드메 | 청첩장 | 한복 | 예단&예물 | 결혼식 |

| 프러포즈 |
| 상견례 |
| **예식장** |
| 허니문 |
| 신혼집 |
| 스드메 |
| 청첩장 |
| 한복 |
| 예단&예물 |
| 결혼식 |

허니문

알아두면 좋은 꿀팁

기초 화장품은 소형 플라스틱 용기에 따로 담되 기내 허용 용량에 맞게 덜고, 용량 초과 시 기내용 캐리어가 아닌 부치는 캐리어에 싣도록 하세요.

허니문 지역이 110V, 220V를 쓰는지 확인하고, 헤어드라이기와 전기면도기가 110V, 220V 호환이 가능한지도 확인하세요.

돌아올 때 선물을 많이 사 올 수 있음을 염두에 두고 크기가 넉넉한 캐리어를 가져가세요.

현금은 한국에서 넉넉히 환전해서 가고, 비상 사태를 대비하여 반드시 현지에서 사용 가능한 신용카드를 준비하세요.

외국에서 약을 구하는 일이 쉽지 않으므로 필수 상비약은 반드시 챙겨 가세요.

휴대전화와 카메라의 보조 배터리, 충전기는 넉넉히 챙겨 가세요.

카메라 메모리카드는 넉넉한 용량으로 준비하세요.

세면도구는 호텔에 비치되어 있긴 하지만 본인의 것을 준비해 가는 게 좋아요.

선물 리스트를 미리 작성해서 가면 낭비를 줄일 수 있어요.

피임용품이 필요하다면 반드시 챙겨 가세요.

여권 분실에 대비하여 사본을 넉넉히 챙기고, 캐리어 전체 모습이 나오게 사진을 찍어두면 짐 분실 시 유용하게 쓰일 수 있어요.

귀국 후 하객들에게 감사 전화나 메시지를 보내는 걸 잊지 마세요.

허니문 체크리스트

♡ 허니문 출발 날짜 : _____년 _____월 _____일 _____요일 (AM / PM) _____시 _____분

항목		확인
신분증 사본 (분실 시 대비)	여권 사본(만기일 확인)	
	여권 사진 여분 2장	
	주민등록증 사본 2장	
여행 경비	현금, 현지 화폐	
	여행자 수표	
	신용카드	
여행사 (이용 시)	여행사명	
	담당자 / 연락처	
	현지 시간	
	현지 담당자 / 연락처	
항공	항공사명 / 연락처	
	공항 리무진 유무 / 시간	
호텔(숙박)	호텔명	
	호텔 주소 / 연락처	
기타	현지 대사관 연락처	
	현지 영사관 연락처	
	여행자 보험	
	국제운전자면허증(렌트 시)	
	비자	

서치, 서치, 서치

♡ 허니문과 관련해서 조사한 내용을 자유롭게 메모해보세요.

프러포즈
상견례
예식장
허니문
신혼집
스드메
청첩장
한복
예단&예물
결혼식

♥ 짐 쌀 때, 체크하세요!

☐ 현금(환전)
☐ 신용카드
☐ 여행일정표
☐ 여권, 비자
☐ 항공권
☐ 현지 교통수단 예약
☐ 숙소 예약(체크인, 체크아웃 시간)
☐ 비상금
☐ 관광지 해설 자료
☐ 현지 기후에 맞는 옷
☐ 속옷

☐ 액세서리
☐ (더운 곳일 경우) 선글라스, 선크림
☐ 수영복
☐ 화장품
☐ 세면도구
☐ 드라이기
☐ 면도기
☐ 생리용품
☐ 피임용품
☐ 카메라

☐ 셀카봉
☐ 구급약
☐ 신발(장거리 비행 시 구겨 신을 슬리퍼나 목베개를 챙기면 좋아요)
☐ 보조 배터리, 충전기
☐ 멀티탭
☐ 선물 리스트
☐ 여행 노트, 필기도구

| 프러포즈 | 상견례 | 예식장 | **허니문** | 신혼집 | 스드메 | 청첩장 | 한복 | 예단&예물 | 결혼식 |

돈이 얼마나 들까?

♡ 항목에 따라 예상 금액과 실제 금액을 적어보며 현실적인 계획을 세워보세요.

항목	예상 금액	실제 금액	비고

항목	예상 금액	실제 금액	비고

나의 바람 vs 타인의 의견

♡ 내가 바라는 허니문과 타인이 말하는 허니문에 대한 의견을 적어보세요.
♡ 준비 기간 중에는 수많은 사람의 의견을 듣기 마련입니다. 좋은 의견은 참고하되 남의 말에 휘둘리지 않으려면 자신의 생각과 타인의 생각을 정리해보는 게 도움이 됩니다.

나의 바람

vs

타인의 의견

다른 사람들의 말, 말, 말

♡ 다른 사람의 조언이나 오지랖, 기분을 상하게 했던 말, 힘이 되었던 말 등을 적어보면서 혼란스러운 마음을 가다듬어보세요.

내 마음 좀 알아줘

♡ 준비 과정 중에 들었던 솔직한 심정을 써보세요.

속상해

이건 좋아

후회돼

다짐!

토닥토닥

♡ 속상한 마음이 있다면 아래에 자유롭게 적으면서 오늘 안으로 훌훌 털어버리세요. 스스로를 토닥이고 결혼 선배들의 조언을 귀담아 들어보세요.

셀프 위로

결혼 선배들의 조언

♥ 신혼여행 후 결혼 생활 중에 그렇게 시간을 충분히 내서 둘이 여유롭게 축복받으며 여행 갈 일이 얼마나 있을까! 신혼여행만큼은 꼭 원하는 곳으로 갔으면 좋겠어.

♥ 결혼 준비를 하다보면 둘만 좋다고 해서 그대로 되는 일은 거의 없다는 걸 알게 되지만, 신혼여행은 좀 달라. 최대한 둘이 원하는 대로 계획해보도록 해.

♥ 남들과 비교하는 건 여기서도 금물이야. 꼭 화려하게 허니문을 보낸다고 해서 추억이 더 쌓이는 건 아니잖아. 본인들의 상황과 스타일에 맞게 계획하는 게 가장 행복한 허니문을 만들 거라는 사실, 잊지 마.

 ## 나중에 다 추억이 될 거야

♡ 허니문과 관련된 영수증, 사진, 이미지 등을 자유롭게 붙여보세요.
♡ 사소한 것도 나중에 다 중요한 기록이 될 것입니다.
♡ 못 다한 이야기, 인상적인 에피소드, 글로 남기고 싶은 감정 등이 있다면 자유롭게 적어보세요.

프러포즈

상견례

예식장

허니문

신혼집

스드메

청첩장

한복

예단&예물

결혼식

프러포즈

상견례

예식장

허니문

신혼집

스드메

청첩장

한복

예단&예물

결혼식

알아두면 좋은 꿀팁

꼭 아파트만 고집할 필요는 없습니다. 가구 구매에 대한 부담을 덜기 위해 빌트인 오피스텔을 구하는 경우도 있습니다. 타인의 말에 흔들리지 말고 각자의 상황과 취향에 맞게 구하도록 하세요.

해가 있을 때 채광 상태가 어떤지 확인하고, 밤에도 방문하여 주변은 어떠한지, 정류장이나 지하철역에서부터 집까지 가는 길의 치안 상태 등을 꼭 확인하세요.

같이 살면 수납 공간이 더욱 더 중요해집니다. 수납 공간이 넉넉한지 확인하세요.

창문을 열어보고 환기가 잘 되는지 확인하고, 특히 부엌 조리대 주변에 창이 있는지 체크하세요.

창은 반드시 열어보면서 새시 상태를 살피고, 조망은 어떠한지, 창 앞에 막힌 건 없는지도 확인하세요.

빨래를 널어놓을 수 있는 실외 공간이 충분히 있는지 점검하세요.

잘 안 보이는 구석진 공간에 곰팡이가 있는지, 벽면이나 천장 등에 물 자국 혹은 젖은 흔적이 있는지 확인하세요.

화장실 수도꼭지를 틀어보고 변기 물도 내려보며 수압을 확인하고, 온수가 잘 나오는지도 확인하세요.

프라이버시가 잘 지켜지는 구조인지, 외부에서 침입하기 어려운 구조인지 살펴보세요.

신혼집이 확정되면 이사할 때 이사 차가 어디까지 들어갈 수 있는지, 엘리베이터나 사다리차 이용은 가능한지도 사전에 확인하세요.

 체크리스트

항목	매물1	매물2	매물3
매물명			
매물 종류			
위치 / 주소			
크기			
계약 방식 (매매 / 전세 / 월세)			
금액			
옵션			
대중교통			
주차			
집주인 연락처			
공인중개사 연락처			
층수			
주창 방향			
주변 환경 / 인프라			
기타 특징			
별점	☆☆☆☆☆	☆☆☆☆☆	☆☆☆☆☆

서치, 서치, 서치

♡ 신혼집과 관련해서 조사한 내용을 자유롭게 메모해보세요.

♥ **신혼집 확정 시 꼭 적어놓고 잊지 마세요!**

□ 신혼집 주소(우편번호) :
□ 중개사 이름 및 연락처 :
□ 계약일 :
□ 계약금 :
□ 잔금 지불일 :
□ 잔금 :
□ 부동산 중개비 :

□ 전입신고, 확정일자 받는 날 :
□ 세금 및 기타 비용 지불하는 날 :
□ 인테리어 기간 :
□ 이사일 :
□ 포장이사 업체 이름 및 연락처 :
□ 입주일 :

돈이 얼마나 들까?

♡ 항목에 따라 예상 금액과 실제 금액을 적어보며 현실적인 계획을 세워보세요.

항목	예상 금액	실제 금액	비고

항목	예상 금액	실제 금액	비고

나의 바람 vs 타인의 의견

♡ 내가 바라는 신혼집과 타인이 말하는 신혼집에 대한 의견을 적어보세요.
♡ 준비 기간 중에는 수많은 사람의 의견을 듣기 마련입니다. 좋은 의견은 참고하되 남의 말에 휘둘리지 않으려면 자신의 생각과 타인의 생각을 정리해보는 게 도움이 됩니다.

나의 바람

vs

타인의 의견

다른 사람들의 말, 말, 말

♡ 다른 사람의 조언이나 오지랖, 기분을 상하게 했던 말, 힘이 되었던 말 등을 적어보면서 혼란스러운 마음을 가다듬어보세요.

내 마음 좀 알아줘

♡ 준비 과정 중에 들었던 솔직한 심정을 써보세요.

속상해

이건 좋아

후회돼

다짐!

토닥토닥

♡ 속상한 마음이 있다면 아래에 자유롭게 적으면서 오늘 안으로 훌훌 털어버리세요. 스스로를 토닥이고 결혼 선배들의 조언을 귀담아 들어보세요.

셀프 위로

결혼 선배들의 조언

♥ 안 싸우는 커플이 오히려 서로의 본모습이나 속마음을 알지 못해 더 위험한 법이야. 때로는 그냥 속 시원하게 싸우는 것도 답이거든. 대신 싸우고 나서 너무 오래 힘들어하지는 마.

♥ 아마 신혼집을 구할 때 현실의 벽을 가장 뼈저리게 느낄 거야. 괜히 서럽기도 할 거고. 부모님의 지원이 없다면 더더욱 멘탈 붕괴가 올 수도 있는데, 그럴수록 부모님께 손 벌리지 않는 본인을 더 자랑스럽게 여기고 발품 열심히 팔아. 끝이 어려운 것보다는 시작이 조금 어려운 게 더 나으니까.

♥ 내가 아는 친구 부부는 빌트인 오피스텔로 들어가서 살다가 악착같이 돈 모아서 지금은 원하는 집에 살고 있어. 아파트만 고집하지 말고, 다양한 경우를 생각해보는 것도 괜찮아.

나중에 다 추억이 될 거야

♡ 신혼집과 관련된 영수증, 사진, 이미지 등을 자유롭게 붙여보세요.
♡ 사소한 것도 나중에 다 중요한 기록이 될 것입니다.
♡ 못 다한 이야기, 인상적인 에피소드, 글로 남기고 싶은 감정 등이 있다면 자유롭게 적어보세요.

프러포즈

상견례

예식장

허니문

신혼집

스드메

청첩장

한복

예단&예물

결혼식

프러포즈

상견례

예식장

허니문

신혼집

스드메

청첩장

한복

예단&예물

결혼식

스드메

알아두면 좋은 꿀팁

[스튜디오]

○
요즘에는 스튜디오 촬영을 생략하거나 스냅 사진으로 대체하는 경우도 있습니다. 어떻게 할지 예비 신랑, 예비 신부와 상의하고 결정하세요.

○
사진 앨범은 총 몇 장, 몇 권으로 구성되는지를 꼭 점검하세요.

○
앨범과 액자가 나오기까지 기간은 얼마나 되는지, 잔금은 언제 지불해야 하는지 알아보세요.

○
사후 애프터 서비스에 대한 내용도 계약 시 반드시 점검합니다.

○
리허설 촬영과 예식 촬영을 함께하는 경우와 각각 하는 경우의 가격 차이를 알아보세요.

○
먼저 결혼한 친구가 웨딩 사진 찍어 봤자 아무 소용없다고 말리더라도 본인의 의사가 가장 중요하니 후회할 것 같다면 꼭 촬영을 하길 권합니다.

○
액자 프레임은 어떤 인테리어에도 어울릴 만한, 시간이 지나도 질리지 않은 심플한 디자인이 좋습니다.

○
촬영 당일 화장실에 자주 가지 않도록 물을 너무 많이 마시지 마세요.

○
헤어와 메이크업의 손상을 막기 위해, 갈아입을 옷으로 앞이 오픈되는 셔츠나 카디건을 준비하세요.

[드레스]

○
드레스 투어를 다니며 드레스숍을 결정할 때 '피팅비'를 냅니다. 보통은 숍당 3만 원, 수입드레스숍은 5만 원이며 간혹 그 이상인 경우도 있습니다. 꼭 현금으로 준비해두세요(발렛 주차 비용 또한 현금으로 준비할 것).

○
드레스 투어를 다닐 때 '웨딩드레스 스케치'와 함께 주요 특징을 필기해놓아야만 기억에 오래 남길 수 있습니다(대부분 웨딩드레스 촬영이 불가합니다). 동행하는 사람이 스케치를 할 수 있도록 미리 '웨딩드레스 스케치용 페이퍼'를 가져가도록 하세요(웨딩 미니북 참조).

○
웨딩 속옷은 별도로 준비되어 있기 때문에 기본 속옷만 입고 가면 됩니다.

○
드레스 투어 시 자가용을 끌고 다니면 발렛 비용이 발생하거나 돌아다니기에 불편할 수 있어 도보나 택시 이용을 권장합니다.

○
드레스 투어 전 겨드랑이 제모를 잊지 마세요.

○
뱃살은 부케가 항상 붙어서 가려주므로 크게 걱정하지 않아도 됩니다.

○
자신의 신체 비율, 얼굴형, 목 길이, 허리 라인, 어깨 라인 등을 객관적으로 알고 체형의 단점을 커버할 수 있는 드레스를 찾도록 하세요.

○
본식은 많은 어르신들 앞에서는 자리이므로 너무 대담한 드레스는 피하는 게 좋지만, 스튜디오 촬영을 위한 드레스는 그보다 제약이 많이 없기 때문에 과감한 스타일을 시도해보는 것도 좋습니다.

드레스 투어란?

웨딩드레스숍을 미리 둘러보고 웨딩드레스를 입어보는 것으로, 보통 두세 군데 숍을 방문해서 입어보고 비교합니다. 웨딩플래너와 같이할 경우, 드레스숍 투어 시간 조율이 용이하고 신상 드레스 위주의 피팅이 가능해지며 시간과 비용을 줄일 수 있다는 장점이 있습니다.

♥132

[메이크업&헤어]

메이크업과 헤어는 웨딩드레스와의 조화도 생각해야 한다는 점을 잊지 마세요.

평소 앞머리가 있는 헤어스타일을 주로 했다면 이마를 드러냈을 때 어색할 수 있어 앞머리를 유지하는 게 좋지만, 앞머리에 크게 연연하지 않는다면 이마가 보이도록 스타일링을 하는 편이 훨씬 더 단정한 느낌을 줄 수 있습니다.

머리 기장은 가슴 정도까지 오는 게 가장 좋습니다.

전문가에게 다 맡기기보다 본인이 원하는 스타일은 무엇이고, 어떤 점을 커버하였으면 좋겠고, 평소 화장할 때 어떤 점을 가장 유의하는지 등 정보를 먼저 줄수록 더욱 더 만족도가 높아집니다.

촬영 후 미지근한 물에 먼저 린스로 2번 헹군 다음 샴푸를 해야 머리 엉킴을 방지할 수 있어요.

 체크리스트

[스튜디오]

항목	스튜디오1	스튜디오2	스튜디오3
업체명			
위치 / 주소			
연락처			
담당자			
사진 장수 / 앨범 권수			
수정본 CD 구입 비용			
리허설 스틸 DVD			
본식 비디오			
야외 촬영 및 들러리 촬영 가능 유무			
기타 서비스			
기타 옵션			

♥ **스튜디오 최종 결정 시 체크 사항**

☐ 촬영일 :　　　　☐ 셀렉일 :　　　　☐ 액자 찾는 날 :　　　　☐ 앨범 수령일 :

[드레스]

항목	숍1	숍 2	숍3
업체명			
위치 / 주소			
연락처			
담당자			
드레스 피팅비			
리허설 대여 내용	화이트 _____ 벌 컬러 _____ 벌	화이트 _____ 벌 컬러 _____ 벌	화이트 _____ 벌 컬러 _____ 벌
본식 대여 벌수			
베일			
액세서리 및 소품			
미니 드레스 비용			
애프터 드레스 비용			
폐백 의상 비용			
키높이 구두 대여비			
턱시도 추가 비용			
직원 친절도	☆ ☆ ☆ ☆ ☆	☆ ☆ ☆ ☆ ☆	☆ ☆ ☆ ☆ ☆

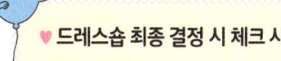

♥ 드레스숍 최종 결정 시 체크 사항

☐ 촬영 가봉일 :　　　　☐ 본식 드레스 셀렉 및 가봉일 :　　　　☐ 신랑 턱시도 셀렉 및 가봉일 :

[메이크업&헤어]

항목	숍1	숍2	숍3
업체명			
위치 / 주소			
연락처			
담당자			
헤어 피스 비용			
커트·염색·펌 비용			
혼주 메이크업 비용			
리허설 촬영 출장 비용			
피로연 헤어 및 메이크업 변화 시 비용			
폐백 헤어 및 메이크업 변화 시 비용			
신부 마사지			
추가 체크 사항			
친절도	☆☆☆☆☆	☆☆☆☆☆	☆☆☆☆☆
기타			

♥ **메이크업&헤어숍 최종 결정 시 체크 사항**

☐ 촬영일 숍 도착 시간 :   ☐ 본식일 숍 도착 시간 :   ☐ 본식일 예식장 출발 시간 :

서치, 서치, 서치

[스튜디오 · 드레스 · 메이크업&헤어]

♡ 스드메와 관련해서 조사한 내용을 자유롭게 메모해보세요.

| 프러포즈 | 상견례 | 예식장 | 허니문 | 신혼집 | **스드메** | 청첩장 | 한복 | 예단&예물 | 결혼식 |

프러포즈

상견례

예식장

허니문

신혼집

스드메

청첩장

한복

예단&예물

결혼식

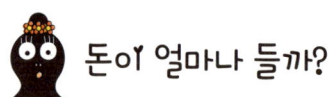

돈이 얼마나 들까?　　　　　[스튜디오 · 드레스 · 메이크업&헤어]

♡ 항목에 따라 예상 금액과 실제 금액을 적어보며 현실적인 계획을 세워보세요.

항목	예상 금액	실제 금액	비고

항목	예상 금액	실제 금액	비고

항목	예상 금액	실제 금액	비고

항목	예상 금액	실제 금액	비고

나의 바람 vs 타인의 의견

[스튜디오]

♡ 내가 바라는 스튜디오와 타인이 말하는 스튜디오에 대한 의견을 적어보세요.
♡ 준비 기간 중에는 수많은 사람의 의견을 듣기 마련입니다. 좋은 의견은 참고하되 남의 말에 휘둘리지 않으려면 자신의 생각과 타인의 생각을 정리해보는 게 도움이 됩니다.

나의 바람

vs

타인의 의견

다른 사람들의 말, 말, 말 　　　　　　　　[스튜디오]

♡ 다른 사람의 조언이나 오지랖, 기분을 상하게 했던 말, 힘이 되었던 말 등을 적어보면서 혼란스러운 마음을 가다듬어보세요.

내 마음 좀 알아줘

[스튜디오]

♡ 준비 과정 중에 들었던 솔직한 심정을 써보세요.

속상해

이건 좋아

후회돼

다짐!

토닥토닥 [스튜디오]

♡ 속상한 마음이 있다면 아래에 자유롭게 적으면서 오늘 안으로 훌훌 털어버리세요. 스스로를 토닥이고 결혼 선배들의 조언을 귀담아 들어보세요.

셀프 위로

결혼 선배들의 조언

- ♥ 스드메 준비할 때, 정보가 너무 많다 보니 망망대해에 있는 느낌이 들 거야. 그럴 때 필요한 건 흔들리지 않겠다는 줏대야. 자신의 취향과 평소 꿈꾸었던 것을 잘 고민해봐.
- ♥ 너무 자주 박람회에 참석하는 웨딩컨설팅 업체는 저렴한 스드메 업체만 상대하는 경우가 많으니까 주의하도록 해.
- ♥ 지인들이 소개해주는 업체도 좋지만, 스드메만큼은 호불호가 엄청 갈려. 누구한테는 정말 좋았던 업체도 누군가에게는 아예 안 맞기도 하거든. 다른 사람의 의견보다는 전문가인 웨딩플래너의 조언을 듣거나 자신이 충분히 알아보고 정하는 게 만족도도 높아.

나의 바람 vs 타인의 의견　　　　　　　　　　　[드레스]

♡ 내가 바라는 드레스와 타인이 말하는 드레스에 대한 의견을 적어보세요.
♡ 준비 기간 중에는 수많은 사람의 의견을 듣기 마련입니다. 좋은 의견은 참고하되 남의 말에 휘둘리지 않으려면 자신의 생각과 타인의 생각을 정리해보는 게 도움이 됩니다.

나의 바람

vs

타인의 의견

다른 사람들의 말, 말, 말   [드레스]

♡ 다른 사람의 조언이나 오지랖, 기분을 상하게 했던 말, 힘이 되었던 말 등을 적어보면서 혼란스러운 마음을 가다듬어보세요.

내 마음 좀 알아줘 　　　　　　　　　　　[드레스]

♡ 준비 과정 중에 들었던 솔직한 심정을 써보세요.

속상해

이건 좋아

후회돼

다짐!

 # 토닥토닥　　　　　　　　　　　　　　　　　　　　　　　[드레스]

♡ 속상한 마음이 있다면 아래에 자유롭게 적으면서 오늘 안으로 훌훌 털어버리세요. 스스로를 토닥이고 결혼 선배들의 조언을 귀담아 들어보세요.

셀프 위로

 결혼 선배들의 조언

- ♥ 너무 트렌디한 드레스를 입으면 오히려 나중에 사진으로 봤을 때 촌스러울 수도 있어. 유행을 많이 타지 않으면서도 올드하지 않은 디자인을 찾는 게 좋아.
- ♥ 다이어트 안 했다고, 몸매가 별로라고 주눅 들지 마. 내 체형과 사이즈에 맞는 웨딩드레스를 입으면 그만인 거야. 자신감 있는 모습이 더 예뻐 보인다는 거, 잊지 마.
- ♥ 웨딩드레스 투어하면 남들이 더 예쁘다고 하는 거, 내가 더 예쁘다고 생각되는 걸로 의견이 갈리기도 하거든. 그럴 때 결정하기 어려울 수 있는데, 본인이 무얼 원하는지 잘 생각하고 결정해. 나는 스스로가 만족하는 게 나중에 덜 후회될 거 같아서 후자로 택했어.

나의 바람 vs 타인의 의견 　　　　　　　　　　　　[메이크업&헤어]

♡ 내가 바라는 메이크업&헤어와 타인이 말하는 메이크업&헤어에 대한 의견을 적어보세요.
♡ 준비 기간 중에는 수많은 사람의 의견을 듣기 마련입니다. 좋은 의견은 참고하되 남의 말에 휘둘리지 않으려면 자신의 생각과 타인의 생각을 정리해보는 게 도움이 됩니다.

나의 바람

vs

타인의 의견

다른 사람들의 말, 말, 말 [메이크업&헤어]

♡ 다른 사람의 조언이나 오지랖, 기분을 상하게 했던 말, 힘이 되었던 말 등을 적어보면서 혼란스러운 마음을 가다듬어보세요.

내 마음 좀 알아줘　　　　　　　　　　　　[메이크업&헤어]

♡ 준비 과정 중에 들었던 솔직한 심정을 써보세요.

속상해

이건 좋아

후회돼

다짐!

토닥토닥　　　　　　　　　　　　　　　　　[메이크업&헤어]

♡ 속상한 마음이 있다면 아래에 자유롭게 적으면서 오늘 안으로 훌훌 털어버리세요. 스스로를 토닥이고 결혼 선배들의 조언을 귀담아 들어보세요.

셀프 위로

결혼 선배들의 조언

- 주변에 결혼한 친구들을 보면 업체 후기가 너무 좋아서 갔다가 불만족스러웠던 경우가 꽤 있었어. 남들 후기나 의견에 너무 의존하지 마.
- 메이크업 아티스트 분들이 전문가이긴 하지만, 온전히 다 맡기기보다 내 얼굴의 장단점이나 본인이 원하는 바를 정확하게 말해주는 게 좋아. '이런 부분을 잘 커버해주셨으면 좋겠어요.', '이런 분위기가 났으면 좋겠어요.', 이렇게 구체적으로 말하는 게 아티스트 입장에서도 더 좋대.
- 본식 날 신랑과 조화를 이루는 것도 중요하니까, 가능하면 예비 신랑이랑 같이 가서 상담받고 예약하도록 해.

 **나중에 다 추억이 될 거야**

♡ 스드메와 관련된 영수증, 사진, 이미지 등을 자유롭게 붙여보세요.
♡ 사소한 것도 나중에 다 중요한 기록이 될 것입니다.
♡ 못 다한 이야기, 인상적인 에피소드, 글로 남기고 싶은 감정 등이 있다면 자유롭게 적어보세요.

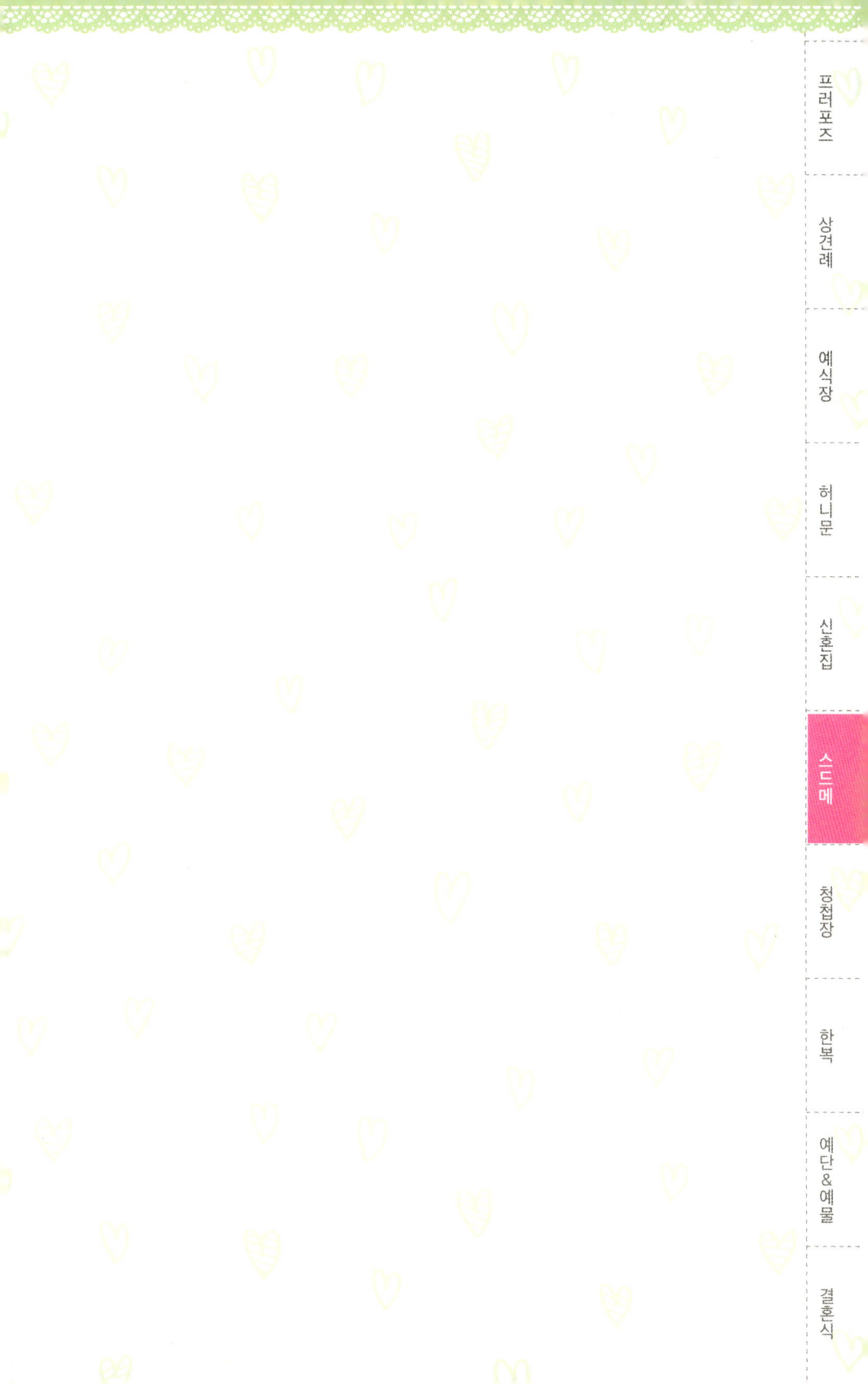

알아두면 좋은 꿀팁

청첩장을 보내는 주체는 부모님이라는 사실을 염두에 두고 카드를 고르도록 하세요. 이런 이유로 최근에는 가까운 친구나 지인에게 보내는 청첩장만 따로 제작하는 경우도 있습니다.

초대할 분들의 리스트를 먼저 작성하여 청첩장 수량을 정하는 게 좋습니다. 예상 하객 수보다 여유롭게 준비해야 모자라는 일이 없습니다. 발송 시 주소가 반드시 필요하므로 문서로 양식을 만들어서 리스트를 만들어야 추후 혼선이 없습니다.

청첩장 발송은 예식 3~4주 전이 가장 적당합니다.

추가 주문 시에는 금액이 비싸지므로 주문 수량을 신중히 결정하세요.

청첩장 초안이 오면 맞춤법이나 약도 등을 꼼꼼히 살펴보세요.

음력 날짜 기재 여부, 돌아가신 부모님 성함 앞 '故' 표기 여부, 종교상의 표기 여부, 피로연 및 전세버스 대절 여부 등에 대해서 미리 부모님과 상의한 후 작성하도록 합니다.

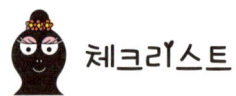 체크리스트

항목		확인
신랑측 정보	아버님 성함	
	어머님 성함	
	_____의 _____남	
	주소	
	청첩장 매수	
신부측 정보	아버님 성함	
	어머님 성함	
	_____의 _____녀	
	주소	
	청첩장 매수	
종교상의 표기		
예식일시		
장소		
교통 안내		
전세버스 대절 여부		
초안 받는 날짜		
제작 기간		
제작 비용		
기타		

# 서치, 서치, 서치

♡ 청첩장과 관련해서 조사한 내용을 자유롭게 메모해보세요.

| 프러포즈 | 상견례 | 예식장 | 허니문 | 신혼집 | 스드메 | **청첩장** | 한복 | 예단&예물 | 결혼식 |

돈이 얼마나 들까?

♡ 항목에 따라 예상 금액과 실제 금액을 적어보며 현실적인 계획을 세워보세요.

항목	예상 금액	실제 금액	비고

항목	예상 금액	실제 금액	비고

나의 바람 vs 타인의 의견

♡ 내가 바라는 청첩장과 타인이 말하는 청첩장에 대한 의견을 적어보세요.
♡ 준비 기간 중에는 수많은 사람의 의견을 듣기 마련입니다. 좋은 의견은 참고하되 남의 말에 휘둘리지 않으려면 자신의 생각과 타인의 생각을 정리해보는 게 도움이 됩니다.

나의 바람

vs

타인의 의견

다른 사람들의 말, 말, 말

♡ 다른 사람의 조언이나 오지랖, 기분을 상하게 했던 말, 힘이 되었던 말 등을 적어보면서 혼란스러운 마음을 가다듬어보세요.

내 마음 좀 알아줘

♡ 준비 과정 중에 들었던 솔직한 심정을 써보세요.

속상해

이건 좋아

후회돼

다짐!

토닥토닥

♡ 속상한 마음이 있다면 아래에 자유롭게 적으면서 오늘 안으로 훌훌 털어버리세요. 스스로를 토닥이고 결혼 선배들의 조언을 귀담아 들어보세요.

> 셀프 위로

결혼 선배들의 조언

♥ 청첩장 돌릴 때, 인간관계에 회의를 느끼는 일이 은근히 있을 거야. 주변에 물어보니까 꼭 한두 번 그런 경우가 있더라고. 그냥 누구나 다 겪는 일이고, 이참에 인간관계 정리한다 생각하고 너무 상처받지 마.

♥ 내 입장에서는 이번 기회에 오랜만에 만나면 좋겠다고 생각해서 연락을 했어도, 상대 입장에서는 뜬금없이 연락해서 대뜸 결혼한다고 하면 기분 나쁠 수도 있거든. 그러니까, 오랜만에 연락을 할 때는 상대가 오해하지 않도록 잘 이야기하고 청첩장을 주도록 해.

♥ 청첩장은 양가 어르신들도 받아보는 거니까 너무 튀는 디자인보다는 무난한 게 좋아. 제작할 때 누구나 단번에 이해할 수 있게 잘 기입하도록 해. 특히 약도나 내비에 찍을 주소, 예식장 층수 같은 건 마지막으로 한 번 더 꼭 확인하고!

나중에 다 추억이 될 거야

♡ 청첩장과 관련된 영수증, 사진, 이미지 등을 자유롭게 붙여보세요.
♡ 사소한 것도 나중에 다 중요한 기록이 될 것입니다.
♡ 못 다한 이야기, 인상적인 에피소드, 글로 남기고 싶은 감정 등이 있다면 자유롭게 적어보세요.

프러포즈

상견례

예식장

허니문

신혼집

스드메

청첩장

한복

예단&예물

결혼식

프러포즈

상견례

예식장

허니문

신혼집

스드메

청첩장

한복

예단&예물

결혼식

한복

알아두면 좋은 꿀팁

한복은 기성복이 아니므로 인터넷이나 홈쇼핑을 통해 직접 보지 않고 구매하는 것은 절대 금물입니다.

무조건 예쁜 것을 택하기보다 피부 톤과 잘 맞는지, 체형과 잘 맞는지 등을 따져서 결정합니다.

원단은 염색이 잘 빠지지 않는 것으로 고르세요.

친정어머니는 분홍색 치마저고리, 시어머니는 옥색 계통의 치마저고리를 입는 것이 기본이지만 최근에는 기본색을 벗어난 계통의 색상을 입기도 하고, 양가 어머니들이 같은 색상의 한복을 입기도 합니다.

깃 부분이 튼튼한지, 바느질 상태와 마무리가 깨끗한지를 살펴보세요.

한복의 원단은 습기에 약하므로 크게 접어서 상자 안에 넣은 다음, 옷장 위쪽에 보관하도록 합니다. 또한 접은 한복을 한지로 한 번 두르고 방습제 및 방충제를 같이 넣어주세요.

체크리스트

항목		업체1		업체2	
		내용	금액	내용	금액
업체정보	업체명				
	위치 / 주소				
	연락처				
	담당자				
신부	한복				
	배자				
	두루마기				
	기타 소품				
	서비스				
친정어머니	한복				
	기타 소품				
	서비스				
신랑	한복				
	배자				
	두루마기				
	기타 소품				
	서비스				
시어머니	한복				
	기타 소품				
	서비스				
기타	촬영 시 당의 대여				
	함 포장 서비스				

♥ **한복 업체 최종 결정 시 체크 사항**

☐ 계약일 :   ☐ 가봉일 :   ☐ 한복 찾는 날짜 :

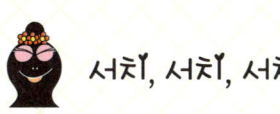 서치, 서치, 서치

♡ 한복과 관련해서 조사한 내용을 자유롭게 메모해보세요.

 **돈이 얼마나 들까?**

♡ 항목에 따라 예상 금액과 실제 금액을 적어보며 현실적인 계획을 세워보세요.

항목	예상 금액	실제 금액	비고

항목	예상 금액	실제 금액	비고

나의 바람 vs 타인의 의견

♡ 내가 바라는 한복과 타인이 말하는 한복에 대한 의견을 적어보세요.
♡ 준비 기간 중에는 수많은 사람의 의견을 듣기 마련입니다. 좋은 의견은 참고하되 남의 말에 휘둘리지 않으려면 자신의 생각과 타인의 생각을 정리해보는 게 도움이 됩니다.

나의 바람

vs

타인의 의견

다른 사람들의 말, 말, 말

♡ 다른 사람의 조언이나 오지랖, 기분을 상하게 했던 말, 힘이 되었던 말 등을 적어보면서 혼란스러운 마음을 가다듬어보세요.

내 마음 좀 알아줘

♡ 준비 과정 중에 들었던 솔직한 심정을 써보세요.

속상해

이건 좋아

후회돼

다짐!

토닥토닥

♡ 속상한 마음이 있다면 아래에 자유롭게 적으면서 오늘 안으로 훌훌 털어버리세요. 스스로를 토닥이고 결혼 선배들의 조언을 귀담아 들어보세요.

셀프 위로

결혼 선배들의 조언

♥ 예전과는 달라서 한복을 대여하는 경우도 많아. 대여하면 저렴한 가격에 예쁜 한복을 입을 수도 있고. 물론, 양가 어른들과 꼭 상의해야 하지만, 앞으로 입을 일이 거의 없다고 여겨진다면 대여도 고려해봐.

♥ 결혼 준비는 원래 '남자는 피곤하고, 여자는 서운한 거'라고 하더라. 서로가 유별나서 그런 게 아니라는 것만 알아도 덜 다투게 될 거야.

♥ 어르신들은 앞으로도 한복을 입으실 일들이 종종 있을 거야. 한복을 맞추게 되면 나중에도 입으실 일을 고려해서 색상, 디자인, 사이즈를 정하도록 하는 게 좋아.

나중에 다 추억이 될 거야

♡ 한복과 관련된 영수증, 사진, 이미지 등을 자유롭게 붙여보세요.
♡ 사소한 것도 나중에 다 중요한 기록이 될 것입니다.
♡ 못 다한 이야기, 인상적인 에피소드, 글로 남기고 싶은 감정 등이 있다면 자유롭게 적어보세요.

프러포즈

상견례

예식장

허니문

신혼집

스드메

청첩장

한복

예단&예물

결혼식

예단&예물

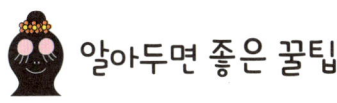 알아두면 좋은 꿀팁

[예단]

예단은 신랑 집에서 신부 집으로 비단을 보내면 신부가 직접 시부모님의 옷을 지어 돌려보내고, 신랑 집에서는 답례로 돈을 보냈던 것에서 유래되었습니다. 즉, 딸을 잘 부탁드린다는 친정 부모님의 마음이 담긴 전통이라고 할 수 있습니다.

크게 현물예단(이불세트, 반상기, 은수저), 현금예단으로 나뉘는데 두 가지를 절충하거나 현금예단만 하는 경우도 많습니다. 이 또한 반드시 시부모님과 상의하도록 하세요.

예단 편지를 쓸 때 글재주가 없으면 예쁜 카드에 짧게 써서라도 드리도록 하세요.

예단을 시댁 식구의 누구에게까지 해야 할지 등의 사항은 조심스럽고 민감한 문제이므로 시부모님과 충분히 상의하고 결정하세요.

예단은 통상적으로 본식 올리기 한 달이나 두 달 전쯤 보냅니다. 하지만 예단 품목 중에는 제작하는 데 1개월 이상 소요되는 것도 있으므로 미리 준비하는 게 좋습니다.

[예물]

예물이란 결혼 준비 과정에서 마련하는 혼수품으로, 주로 시계, 반지, 목걸이 등이 오갑니다.

예물은 예산과 상황에 따라 천차만별로 달라질 수 있으니 다른 사람들의 말에 휘둘리지 않고 본인의 상황에 맞는 선에서 실속 있게 구성하도록 하세요. 최근에는 다이아몬드 세트와 커플 링만 하는 것을 선호하는 편입니다.

너무 고가의 것이거나 트렌디한 것보다는 유행을 타지 않으면서 평소에도 하고 다닐 수 있는 것으로 마련하는 게 좋아요.

사후 애프터 서비스가 되는지, 특히 보석의 경우 감정서와 재매입 여부, 매입가 등을 확인하세요.

 체크리스트

[예단]

항목		금액			비고	
현금예단	현금					
	예단 서식지					
	예단 편지					

항목		업체1	업체2	업체3	비고
		금액	금액	금액	
업체	업체명				
	연락처				
	담당자				
현물예단	은수저				
	반상기				
	이부자리				
	서비스				
기타					
	총비용				

♥ **예단 업체 최종 결정 시 체크 사항**

☐ 주문일 :   ☐ 예단 찾는 날 :   ☐ 예단 드리는 날 :

[예물]

항목		업체1		업체2	
		내용	금액	내용	금액
업체	업체명				
	연락처				
	담당자				
예물품목	커플링(남)				
	커플링(여)				
기타	서비스				
	총비용				

예물 업체 최종 결정 시 체크 사항

☐ 계약일 :   ☐ 예물 찾는 날 :

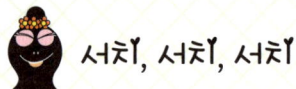 서치, 서치, 서치

♡ 예단&예물과 관련해서 조사한 내용을 자유롭게 메모해보세요.

돈이 얼마나 들까?

♡ 항목에 따라 예상 금액과 실제 금액을 적어보며 현실적인 계획을 세워보세요.

항목	예상 금액	실제 금액	비고

항목	예상 금액	실제 금액	비고

나의 바람 vs 타인의 의견

♡ 내가 바라는 예단&예물과 타인이 말하는 예단&예물에 대한 의견을 적어보세요.
♡ 준비 기간 중에는 수많은 사람의 의견을 듣기 마련입니다. 좋은 의견은 참고하되 남의 말에 휘둘리지 않으려면 자신의 생각과 타인의 생각을 정리해보는 게 도움이 됩니다.

나의 바람

vs

타인의 의견

다른 사람들의 말, 말, 말

♡ 다른 사람의 조언이나 오지랖, 기분을 상하게 했던 말, 힘이 되었던 말 등을 적어보면서 혼란스러운 마음을 가다듬어보세요.

내 마음 좀 알아줘

♡ 준비 과정 중에 들었던 솔직한 심정을 써보세요.

속상해

이건 좋아

후회돼

다짐!

토닥토닥

♡ 속상한 마음이 있다면 아래에 자유롭게 적으면서 오늘 안으로 훌훌 털어버리세요. 스스로를 토닥이고 결혼 선배들의 조언을 귀담아 들어보세요.

셀프 위로

결혼 선배들의 조언

♥ 알다시피 주변에 예단, 예물로 싸우는 일이 정말 많아. 양가 집안의 자존심 싸움으로 이어지기도 하고. 최근에는 예단, 예물을 생략하는 집도 많지만, 어쨌든 이 부분만큼은 꼭 어른들과 상의하고 결정해.

♥ 빚이나 돈 문제와 관련해서는 큰돈이든 작은 돈이든 반드시 서로 오픈하고 시작해야 해. 말하지 않는 것도 속이는 일이고, 그냥 넘겼다가 나중에 생지옥을 경험하게 될 수도 있어. 결혼은 어쨌든 현실이라는 점을 잊지 마.

♥ 너무 무리한 요구를 하는데도 '그냥 참자' 하고 꾸역꾸역 넘기고 결혼하면 나중에 백 퍼센트 그걸로 계속 싸우게 돼. 상대가 너무 과한 요구를 하거나, 불공평한 대우를 하면 무조건 해결하고 넘어가.

나중에 다 추억이 될 거야

♡ 예단&예물과 관련된 영수증, 사진, 이미지 등을 자유롭게 붙여보세요.
♡ 사소한 것도 나중에 다 **중요한 기록**이 될 것입니다.
♡ 못 다한 이야기, 인상적인 에피소드, 글로 남기고 싶은 감정 등이 있다면 자유롭게 적어보세요.

프러포즈

상견례

예식장

허니문

신혼집

스드메

청첩장

한복

예단&예물

결혼식

알아두면 좋은 꿀팁

결혼식 전날 충분한 수면이 필요하므로, 잠이 오지 않더라도 일찍 잠에 들 수 있게 노력하세요.

결혼식 전날 잠들기 전에 피로회복제를 섭취하면 다음 날 눈에 충혈기를 가라앉히는 효과가 있어요.

결혼식이 끝날 때까지는 정신이 하나도 없기 때문에 식전에 소화가 잘되고 기운이 나게 하는 음식을 꼭 먹고 오세요.

화장실을 오가는 게 불편하므로 물을 마시는 건 최대한 자제합니다.

당일 필요한 헬퍼비 등은 현금으로 미리 챙겨놓고 흰 봉투에 담아서 꺼내기 좋은 곳에 보관하도록 하세요.

최근에는 친한 친구들에게 각자 일회용 카메라를 주고 찍어달라는 부탁을 하기도 합니다. 카메라 가격에도 부담이 없고, 디지털 카메라와 달리 필름을 뽑아 보는 재미도 있어서 재미있는 추억을 남길 수 있습니다.

동영상은 사진이 줄 수 없는 식의 과정이나 표정, 소리 등을 생생히 담을 수 있어 결혼 후에도 볼 때마다 매우 애틋하게 다가옵니다. 영상 촬영은 되도록 진행하는 것을 추천합니다.

어느 순간 자세가 흐트러지면 등이 구부정해지는 등 사진이 예쁘게 나오지 않을 수 있으므로 표정과 자세, 부케의 위치 등에 계속 신경 쓰도록 합니다.

결혼식을 끝내고 신혼여행을 떠나기 전에 참석해준 하객분들에게 감사 전화나 메시지를 보내세요. 신혼여행을 떠난 이후에는 신경 쓸 겨를도 없고, 그럴 생각조차 들지 않기 때문에 그때 보내는 게 가장 좋습니다.

 체크리스트

[예약 업체]

항목	예약 업체	준비 사항	연락처 / 담당자
본식 스튜디오			
드레스			
헤어&메이크업			
부케			
폐백			
DVD			
혼주 메이크업			
스냅 사진			
웨딩 동영상			

[본식 최종 체크리스트]

항목		체크	항목		체크
예식장	식장 대여		사진	본식사진	
	주례			DP 액자	
	사회자			식전 영상	
	폐백 음식				
	연주				
	축가		예물	커플링	
	접수자				
	피로연 담당자				
			음식	메인 메뉴	
				음료	
의상	드레스		웨딩카	웨딩카 장식	
	턱시도		허니문	비행기표	
	예복, 한복			여권	
	속옷			캐리어	
	구두				
미용	헤어		기타		
	메이크업				
꽃	부케				
	부토니아				
	코사지				
	예식장 꽃장식				

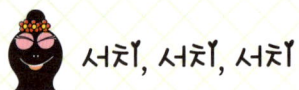 **서치, 서치, 서치**

♡ 결혼식과 관련해서 조사한 내용을 자유롭게 메모해보세요.

프러포즈

상견례

예식장

허니문

신혼집

스드메

청첩장

한복

예단&예물

결혼식

돈이 얼마나 들까?

♡ 항목에 따라 예상 금액과 실제 금액을 적어보며 현실적인 계획을 세워보세요.

항목	예상 금액	실제 금액	비고

항목	예상 금액	실제 금액	비고

나의 바람 vs 타인의 의견

♡ 내가 바라는 결혼식과 타인이 말하는 결혼식에 대한 의견을 적어보세요.
♡ 준비 기간 중에는 수많은 사람의 의견을 듣기 마련입니다. 좋은 의견은 참고하되 남의 말에 휘둘리지 않으려면 자신의 생각과 타인의 생각을 정리해보는 게 도움이 됩니다.

나의 바람

vs

타인의 의견

다른 사람들의 말, 말, 말

♡ 다른 사람의 조언이나 오지랖, 기분을 상하게 했던 말, 힘이 되었던 말 등을 적어보면서 혼란스러운 마음을 가다듬어보세요.

내 마음 좀 알아줘

♡ 준비 과정 중에 들었던 솔직한 심정을 써보세요.

속상해

이건 좋아

후회돼

다짐!

토닥토닥

♡ 속상한 마음이 있다면 아래에 자유롭게 적으면서 오늘 안으로 훌훌 털어버리세요. 스스로를 토닥이고 결혼 선배들의 조언을 귀담아 들어보세요.

셀프 위로

 결혼 선배들의 조언

♥ 이 세상 모든 여자는 결혼 전에 '내가 잘하는 걸까?', '이 남자 믿어도 될까?'라는 고민을 한다고 해. 그러니까 너무 깊이 생각하지 마. 그동안 정말 고생 많았어. 서럽고 서운한 일도 있었겠지만, 지금까지 잘해왔듯이 앞으로도 잘할 거야. 결혼 선배로서, 응원할게!

♥ 결혼의 가장 큰 장점은 언제나 함께하는 인생 친구가 생긴다는 거! 한마디로, 야근하고 피곤한 몸으로 집에 와서 편한 옷으로 갈아입고 신랑이랑 함께 시원한 캔맥주 한잔하며 예능 프로그램을 볼 수 있다는 거야. 하루만 더 힘내자!

♥ 결혼식 전날에 친구의 이 말이 제일 위로가 됐어. '남들 다 하는데, 너라고 왜 못해. 어떻게든 끝나.' 맞아. 어차피 당일엔 너무 정신이 없어서 시간은 후딱 지나갈 거고, 어느새 허니문 떠나는 비행기에 타고 있을 거야.

 **나중에 다 추억이 될 거야**

♡ 결혼식과 관련된 영수증, 사진, 이미지 등을 자유롭게 붙여보세요.
♡ 사소한 것도 나중에 다 중요한 기록이 될 것입니다.
♡ 못 다한 이야기, 인상적인 에피소드, 글로 남기고 싶은 감정 등이 있다면 자유롭게 적어보세요.

| 프러포즈 |
| 상견례 |
| 예식장 |
| 허니문 |
| 신혼집 |
| 스드메 |
| 청첩장 |
| 한복 |
| 예단&예물 |
| **결혼식** |

- 프러포즈
- 상견례
- 예식장
- 허니문
- 신혼집
- 스드메
- 청첩장
- 한복
- 예단&예물
- 결혼식

러브 메시지

결혼 전, 마지막 연애편지

우리의 약속

나의 결심

친구들 방명록

결혼 전, 마지막 연애편지

♡ 결혼 전에 서로에게 진솔한 편지를 남겨보세요. 결혼 생활 중 펼쳐보면 감회가 새로울 거예요.

🌼 예비 신랑이 예비 신부에게

예비 신부가 예비 신랑에게

우리의 약속

♡ '내가 반드시 이것만큼은 지키겠다', '어렵지만 지키기 위해 끊임없이 노력하겠다'와 같은 내용들을 서로 적어봅니다. 결혼 후 다투거나 서로 약속을 어겼을 때, 마음을 다잡는 데 이 약속 페이지가 큰 도움을 줄 거예요.

 예비 신랑이 예비 신부에게

이름 _____ (서명)

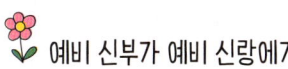 예비 신부가 예비 신랑에게

이름 _____. (서명)

 ## 나의 결심

♡ 결혼 준비를 하다보면 중간중간 '결혼 후 어떻게 해야겠다', '결혼 생활 중 이건 꼭 하고 싶다'와 같은 생각이 들게 마련입니다. 이러한 결심이나 소망을 한꺼번에 쓰려 하지 말고 그때그때 생각나는 것을 낙서하듯 적어보세요.

친구들 방명록

♡ 친구들이 전해준 축하 메시지나 덕담을
 잊지 않도록 적어두세요.

바바파파 스크랩북 웨딩 다이어리

초판 1쇄 인쇄 2018년 6월 28일
초판 1쇄 발행 2018년 7월 12일

펴낸이 김선식
경영총괄 김은영
지은이 변민아
기획 윤세미 **책임편집** 강경선 **크로스교** 박화수 **책임마케터** 이고은, 기명리
콘텐츠개발3팀장 윤세미 **콘텐츠개발3팀** 심아경, 강경선, 박화수
마케팅본부 이주화, 정명찬, 최혜령, 이고은, 김은지, 유미정, 배시영, 기명리, 김민수
전략기획팀 김상윤 **저작권팀** 최하나, 추숙영
경영관리팀 허대우, 권송이, 윤이경, 임해랑, 김재경, 한유현
외부스태프 지선 디자인연구소(ksecret3.blog.me)

펴낸곳 다산북스 **출판등록** 2005년 12월 23일 제313-2005-00277호
주소 경기도 파주시 회동길 357 3층
전화 02-704-1724
팩스 02-322-5717 **이메일** dasanbooks@dasanbooks.com
홈페이지 www.dasanbooks.com **블로그** blog.naver.com/dasan_books
종이 한솔피엔에스 **출력·인쇄** 갑우문화사

ISBN 979-11-306-1746-6 (13190)

© 2018 A.T. & T.T. ALL RIGHTS RESERVED

· 책값은 뒤표지에 있습니다.
· 파본은 구입하신 서점에서 교환해드립니다.
· 이 책은 저작권법에 의하여 보호를 받는 저작물이므로 무단 전재와 복제를 금합니다.
· 이 도서의 국립중앙도서관 출판시도서목록(CIP)은 서지정보유통지원시스템 홈페이지(http://seoji.nl.go.kr)와
  국가자료공동목록시스템(http://www.nl.go.kr/kolisnet)에서 이용하실 수 있습니다. (CIP2018019095)

다산북스(DASANBOOKS)는 독자 여러분의 책에 관한 아이디어와 원고 투고를 기쁜 마음으로 기다리고 있습니다.
책 출간을 원하는 아이디어가 있으신 분은 이메일 dasanbooks@dasanbooks.com 또는 다산북스 홈페이지
'투고 원고'란으로 간단한 개요와 취지, 연락처 등을 보내 주세요. 머뭇거리지 말고 문을 두드리세요.

바바파파 스크랩북
웨딩 미니북

Wedding MINI Book

🌸 한눈에 보는 웨딩 지도

 출발 →

결혼 결정 전
프러포즈

본식 6개월 전
상견례
플래너 정하기
스튜디오 예약
드레스 투어 예약
메이크업 예약

예식장 예약
허니문 세부 사항 예약
사용 가능 금액 한도 정하기
항목별 예산 정하기

본식 1.5개월 전
웨딩 촬영
(스튜디오 리허설 촬영)

촬영 2주 전
리허설드레스 가봉
메이크업 상담

본식 1.5개월 전(웨딩 촬영 직후)
본식 세부 내용 결정
폐백 음식 준비
축가 및 축하 연주 선정
예단 준비

본식 1개월 전(웨딩 촬영 2주 후)
청첩장 줄 사람과 만남
사진 선택 및 액자 제작

본식 2개월 후
앨범, DVD 수령

본식 직후(상황별로 다름)
허니문

본식 3개월 전
스킨 케어

본식 2개월 전
청첩장 제작

촬영 2개월 전
드레스 투어

상시 (혹은 촬영 2주 전)
예물 맞춤

촬영 1개월 전
한복 맞춤
예복 맞춤

본식 2주 전
본식 드레스 가봉
본식 때 진열할 액자 수령
부케 받을 사람 선정

본식 일주일 전
함

본식 전후 (상황에 따라 다름)
이바지 음식

본식 당일
본식

본식 전까지 **상시**로 준비
허니문 준비

웨딩 다이어리 54~55쪽 표 참조

 # 상견례

♡ 상견례 날짜 : _____년 _____월 _____일 _____요일 _____시 _____분

♡ 참석 인원 : 신랑 측 _____명 / 신부 측 _____명

체크리스트	• 상호 : • 담당자 :
위치	
연락처	
식사 종류	
명함(받았는지 확인)	
식사 비용	
주차 유무	
상견례 일자 예약 가능 여부	
기타 사용료	
총 예상 비용	
예약금	
잔금	

- 많이 긴장되겠지만 결혼 전 누구나 하는 거니 나도 할 수 있다고 생각하세요.
- 상견례 중간에 갑자기 대화가 끊기지 않게 예비 신랑과 미리 공통의 관심사를 준비해놓으세요.
- 정치나 종교 얘기로 빠지면 수습하기 힘드니 그렇게 되지 않게 조심하세요.
- 가족의 식성, 알레르기 유무 등을 미리 꼭 알아두세요.
- 상견례 전 예약 장소에 반드시 직접 방문하여 주차, 예약, 룸 컨디션을 확인하세요.
- 서로의 가족 관계 및 가족 구성원의 직업, 성격 등에 대해 알아두세요.
- 말투나 성격 등으로 오해가 없도록 이에 대해 서로 미리 이야기를 나누세요.
- 자리 배치를 미리 하여 신랑이 안내할 수 있도록 하세요.
- 식사 종류에 따른 에티켓을 미리 알아두세요.
- 의상은 어른이 보기에 단정해 보이는 것으로 준비하세요.
- 상견례가 끝나면 배웅 후 감사 전화나 메시지를 꼭 보내세요.
- 안 싸우는 커플이 서로의 본모습이나 속마음을 알지 못해 더 위험하기도 하니 때론 속 시원하게 싸우는 것도 좋아요.

 ## 예식장

♡ 본식 날짜 : _____년 _____월 _____일 _____요일 _____시 _____분

♡ 참석 예상 인원 : 신랑 측 _____명 / 신부 측 _____명

체크리스트	• 상호 : • 담당자 :
위치	
연락처	
교통편	
주차 시설(유료·무료 여부)	
예식 가능일 / 가능 시간	
홀 수	
홀 사용 시간	
예식 간격 시간	
수용 인원(예상 참석 인원 초과 시 수용 가능 인원)	
메뉴 / 비용	
음주류 / 부가세 / 봉사료	
피로연장 수용 인원	
홀 대관비	
부대시설 사용료	
폐백실 사용료	
수모비(폐백 도우미 비용)	
서비스 및 혜택	
기타	
지불 보증 인원	
예약금	
잔금 / 지불일	
총 예상 비용	

- 예식장은 양가 어르신들이 오는 곳이니 지하철역이나 정류장부터 예식장까지 동선은 꼭 확인하세요.
- 결혼식은 인생에서 딱 두세 시간 정도 걸리는 이벤트인 셈이니 욕심을 부리기보다 자기들 취향과 상황에 맞게 준비하세요.
- 주차장 만차 시 어떻게 해야 하는지, 주차장 안내원은 잘 배치되어 있는지, 셔틀버스는 얼마나 자주 운행되는지 확인하세요.
- 야외 결혼식일 경우, 우천 시 다른 홀에서 진행이 가능한지도 알아보세요.
- 예상보다 하객이 더 많을 경우, 식사를 추가로 얼마나 준비할 수 있는지 확인하세요.
- 음식은 반드시 예비 부부가 직접 시식하고 결정하세요.
- 단독홀이 아닐 경우 예식 간격이 너무 빠듯하면 어수선해질 수 있으니 이용 시간을 확실히 알아보세요.
- 폐백실, 신부대기실의 사용 시간도 확인하세요.
- 부대품목 비용을 알아볼 때는 현금 결제 시 공제되거나 할인되는 부분이 있는지를 확인하세요.
- 업체가 신생일 경우에는 프로모션이나 할인 혜택 등을 더 꼼꼼히 살펴보세요.
- 피치 못하게 환불하게 될 수도 있음을 염두에 두고, 환불 규정에 대해서도 알아보세요.

 **허니문**

♡ 허니문 출발 날짜 : _____년 _____월 _____일 _____요일 _____시 _____분

체크리스트	세부 항목	확인
신분증 사본 (분실 시 대비)	여권 사본(만기일 확인)	
	여권 사진 여분 2장	
	주민등록사본 2장	
여행 경비	현금, 현지 화폐	
	여행자 수표	
	신용카드	
여행사 (이용 시)	여행사명	
	담당자 / 연락처	
	현지 시간	
	현지 담당자 / 연락처	
항공	항공사명 / 연락처	
	공항 리무진 유무 / 시간	
호텔 (숙박)	호텔명	
	호텔 주소 / 연락처	
기타	현지 대사관 연락처	
	현지 영사관 연락처	
	여행자 보험	
	국제운전자면허증(렌트 시)	
	비자	

미니 체크박스

♥ 짐 쌀 때, 체크하세요! ♥

- ☐ 현금(환전)
- ☐ 신용카드
- ☐ 여행일정표
- ☐ 여권, 비자
- ☐ 항공권
- ☐ 현지 교통수단 예약
- ☐ 숙소 예약(체크인, 체크아웃 시간)
- ☐ 비상금
- ☐ 관광지 해설 자료
- ☐ 현지 기후에 맞는 옷

- ☐ 속옷
- ☐ 액세서리
- ☐ (더운 곳일 경우) 선글라스, 선크림
- ☐ 수영복
- ☐ 화장품
- ☐ 세면도구
- ☐ 드라이기
- ☐ 면도기
- ☐ 생리용품
- ☐ 피임용품

- ☐ 카메라
- ☐ 셀카봉
- ☐ 구급약
- ☐ 신발(장거리 비행 시 구겨 신을 슬리퍼나 목베개를 챙기면 좋아요)
- ☐ 보조 배터리, 충전기
- ☐ 멀티탭
- ☐ 선물 리스트
- ☐ 여행 노트, 필기도구

HONEY TIP

- ♥ 결혼 생활 중 둘이 여유롭게 여행 갈 일이 많지 않을 수 있으니 허니문만큼은 꼭 원하는 곳으로 가세요.
- ♥ 기초 화장품은 소형 플라스틱 용기에 따로 담되 용량 초과 시 기내용 캐리어가 아닌 부치는 캐리어에 싣도록 하세요.
- ♥ 허니문 지역이 110V, 220V를 쓰는지, 헤어드라이기와 전기면도기가 110V, 220V 호환이 가능한지 확인하세요.
- ♥ 돌아올 때 선물을 많이 사올 수 있음을 염두에 두고 크기가 넉넉한 캐리어를 가져가세요.
- ♥ 현금은 한국에서 넉넉히 환전해 가되, 비상 사태를 대비해 현지에서 사용 가능한 신용카드를 꼭 준비하세요.
- ♥ 외국에서 약을 구하는 일이 쉽지 않으므로 필수 상비약은 반드시 챙겨 가세요.
- ♥ 휴대전화와 카메라의 보조 배터리, 충전기는 넉넉히 챙겨 가세요.
- ♥ 카메라 메모리카드는 넉넉한 용량으로 준비하세요.
- ♥ 세면도구는 호텔에 비치되어 있긴 하지만 본인의 것을 준비해 가는 게 좋아요.
- ♥ 선물 리스트를 미리 작성해서 가면 낭비를 줄일 수 있어요.
- ♥ 피임용품이 필요하다면 반드시 챙겨 가세요.
- ♥ 귀국 후 하객들에게 감사 전화나 문자를 보내는 걸 잊지 마세요.

 신혼집

체크리스트	확인
매물명	
매물 종류	
위치 / 주소	
크기	
계약방식(매매 / 전세 / 월세)	
금액	
옵션	
대중교통	
주차	
집주인 연락처	
공인중개사 연락처	
층수	
주창 방향	
주변 환경 / 인프라	
기타 특징	
별점	☆ ☆ ☆ ☆ ☆

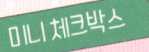

미니 체크박스

♥ 신혼집 확정 시 꼭 적어놓고 잊지 마세요! ♥

- ☐ 신혼집 주소(우편번호) :
- ☐ 중개사 이름 및 연락처 :
- ☐ 계약일 :
- ☐ 계약금 :
- ☐ 잔금 지불일 :
- ☐ 잔금 :
- ☐ 부동산 중개비 :

- ☐ 전입신고, 확정일자 받는 날 :
- ☐ 세금 및 기타 비용 지불하는 날 :
- ☐ 인테리어 기간 :
- ☐ 이사일 :
- ☐ 포장이사 업체 이름 및 연락처 :
- ☐ 입주일 :

HONEY TIP

- ♥ 신혼집을 구할 때 현실의 벽을 가장 뼈저리게 느끼겠지만 끝이 어려운 것보다는 시작이 어려운 게 더 낫다는 걸 기억하세요.
- ♥ 가구 구매 부담을 덜기 위해 빌트인 오피스텔을 구하는 경우도 있으니 타인의 말에 흔들리지 말고 각자의 상황에 맞게 구하세요.
- ♥ 해가 있을 때 채광 상태가 어떤지 확인하고, 밤에도 방문하여 주변 치안 상태 등을 꼭 확인하세요.
- ♥ 같이 살면 수납공간이 많을수록 좋으니 넉넉한지 확인하세요.
- ♥ 창문을 열어보고 환기가 잘되는지 확인하고, 특히 부엌 조리대 주변에 창이 있는지 확인하세요.
- ♥ 창은 반드시 열어보면서 새시 상태를 살피고, 조망은 어떠한지, 창 앞에 막힌 건 없는지 확인하세요.
- ♥ 빨래를 널어놓을 수 있는 실외 공간이 충분히 있는지 점검하세요.
- ♥ 구석진 공간에 곰팡이가 있는지, 벽면이나 천장 등에 물 자국이나 젖은 흔적이 있는지 확인하세요.
- ♥ 화장실 수도꼭지를 틀어보고 변기 물도 내려보며 수압을 확인하고, 온수가 잘 나오는지도 확인하세요.
- ♥ 프라이버시가 잘 지켜지는 구조인지, 외부에서 침입하기 어려운 구조인지 살펴보세요.
- ♥ 이사 차가 어디까지 들어갈 수 있는지, 엘리베이터나 사다리차 이용은 가능한지 사전에 확인하세요.

 스드메

[스튜디오]

체크리스트	확인
업체명	
위치 / 주소	
담당자 / 연락처	
사진 장수 / 앨범 권수	
수정본 CD 구입 비용	
리허설 스틸 DVD	
본식 비디오	
야외 촬영 및 들러리 촬영 가능 유무	
기타 서비스	
기타 옵션	

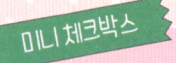

♥ 스튜디오 최종 결정 시 체크 사항 ♥

☐ 촬영일 :　　　☐ 셀렉일 :　　　☐ 액자 찾는 날 :　　　☐ 앨범 수령일 :

[드레스]

체크리스트	확인
업체명	
위치 / 주소	
담당자 / 연락처	
드레스 피팅비	
리허설 대여 내용	화이트 _____ 벌 컬러 _____ 벌
본식 대여 벌수	
베일	
액세서리 및 소품	
미니 드레스 비용	
애프터 드레스 비용	
폐백 의상 비용	
키높이 구두 대여비	
턱시도 추가 비용	
직원 친절도	☆ ☆ ☆ ☆ ☆

미니 체크박스

♥ 드레스숍 최종 결정 시 체크 사항 ♥

☐ 촬영 가봉일 :

☐ 본식드레스 셀렉 및 가봉일 :

☐ 신랑 턱시도 셀렉 및 가봉일 :

[메이크업&헤어]

체크리스트	확인
업체명	
위치 / 주소	
담당자 / 연락처	
헤어 피스 비용	
커트·염색·펌 비용	
혼주 메이크업 비용	
리허설 촬영 출장 비용	
폐백 헤어 및 메이크업 변화 시 비용	
신부 마사지	
추가 체크 사항	
친절도	☆ ☆ ☆ ☆ ☆
기타	

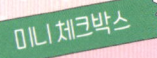

♥ 메이크업&헤어 최종 결정 시 체크 사항 ♥

□ 촬영일 숍 도착 시간 :   □ 본식일 숍 도착 시간 :   □ 본식일 예식장 출발 시간 :

HONEY TIP

♥ 스드메 정보가 너무 많아 망망대해에 있는 느낌이 들겠지만, 그럴 때일수록 흔들리지 않겠다는 줏대가 필요합니다.

♥ 너무 자주 박람회에 참석하는 웨딩컨설팅 업체는 저렴한 스드메 업체만 상대하는 경우가 많으니 주의하세요.

♥ 누군가한테는 정말 좋았던 업체도 누군가에게는 잘 안 맞기도 하니 전문가인 웨딩플래너의 조언을 듣거나 자신이 충분히 알아보고 결정하세요.

♥ 너무 트렌디한 드레스를 입으면 오히려 나중에 사진상으로 촌스러워 보일 수도 있어요.

♥ 다이어트 안 했다고, 몸매가 별로라고 주눅 들지 마세요. 자신의 체형과 사이즈에 맞는 웨딩드레스를 입으면 됩니다.

♥ 웨딩드레스 투어 시 남들과 의견이 갈리기도 하는데, 본인이 무얼 원하는지 잘 생각하고 결정하세요.

♥ 웨딩드레스 투어 시 숍당 피팅비 최소 3만 원을 챙겨야 합니다.

♥ 웨딩드레스 촬영을 금지하고 있으므로 스케치 도안을 꼭 출력해서 챙겨가세요(웨딩 미니북 30~32쪽 참조).

♥ 메이크업 아티스트 분들이 전문가이긴 하지만, 온전히 다 맡기기보다 본인 얼굴의 장단점을 명확히 표현하는 게 좋아요.

♥ 본식 날 신랑과 조화를 이루는 것도 중요하니 가능하면 예비 신랑이랑 같이 가서 상담받으세요.

 청첩장

체크리스트	세부 항목	확인
신랑측 정보	아버님 성함	
	어머님 성함	
	____의 ____남	
	주소	
	청첩장 매수	
신부측 정보	아버님 성함	
	어머님 성함	
	____의 ____녀	
	주소	
	청첩장 매수	
종교상의 표기		
예식일시		
장소		
교통 안내		
전세버스 대절 여부		
초안 받는 날짜		
제작 기간		
제작 비용		
기타		

Memo

HONEY TIP

- 청첩장 돌릴 때, 인간관계에 회의를 느끼는 일이 은근히 있을 테지만 누구나 다 겪는 일이니 너무 상처받지 마세요.
- 오랜만에 연락하는 경우엔 상대가 기분 나빠하지 않도록 잘 이야기하고 청첩장을 전달하세요.
- 청첩장은 양가 어르신들도 받아보는 거니까 너무 튀는 디자인보다는 무난한 게 좋아요.
- 청첩장 내용은 누구나 단번에 이해할 수 있게 기입하세요. 특히 약도나 주소, 예식장 층수 같은 건 한 번 더 꼭 확인하세요.
- 초대할 분들의 리스트를 먼저 작성한 후 청첩장 수량을 정하되 모자라지 않게 예상 하객 수보다 여유롭게 준비하세요.
- 추가 주문 시에는 금액이 비싸지므로 주문 수량을 신중히 결정하세요.
- 발송 시 주소가 반드시 필요하므로 문서로 리스트를 만들어놓아야 추후 혼선이 없습니다.
- 청첩장 발송은 예식 3~4주 전이 가장 적당합니다.
- 추가 주문 시에는 금액이 비싸지므로 주문 수량을 신중히 결정하세요.
- 청첩장 초안이 오면 맞춤법이나 약도 등을 꼼꼼히 살펴보세요.
- 음력 날짜 기재 여부, 돌아가신 부모님 성함 앞 '故' 표기 여부, 종교상의 표기 여부, 피로연 및 전세버스 대절 여부 등은 부모님과 상의 후 작성하세요.

 **한복**

체크리스트		내용	금액
업체 정보	업체명		
	위치 / 주소		
	전화		
	담당자		
신부	한복		
	배자		
	두루마기		
	기타 소품		
	서비스		
친정 어머니	한복		
	기타 소품		
	서비스		
신랑	한복		
	배자		
	두루마기		
	기타 소품		
	서비스		
시어머니	한복		
	기타 소품		
	서비스		
기타	촬영 시 당의 대여		
	함 포장 서비스		

미니 체크박스

♥ 한복 업체 최종 결정 시 체크 사항 ♥

☐ 계약일 :　　　　☐ 가봉일 :　　　　☐ 한복 찾는 날짜 :

Memo

HONEY TIP

♥ 결혼 준비는 원래 '남자는 피곤하고, 여자는 서운한 거'라고 합니다. 여기까지 온 것도 반은 성공한 거니 조금만 더 힘내세요!

♥ 요즘에는 한복을 대여하는 경우도 많으니, 대여도 고려해보세요.

♥ 어르신들은 앞으로 한복을 입으실 일들이 종종 있을 수 있으니 나중에 입으실 거 고려해서 색상, 디자인, 사이즈를 정하는 게 좋아요.

♥ 기성복이 아니므로 인터넷이나 홈쇼핑을 통해 직접 보지 않고 구매하는 것은 절대 금물입니다.

♥ 무조건 예쁜 것을 택하기보다 피부 톤과 잘 맞는지, 체형과 잘 맞는지 등을 따져서 결정하세요.

♥ 원단은 염색이 잘 빠지지 않는 것으로 고르세요.

♥ 친정어머니는 분홍색 치마저고리, 시어머니는 옥색 계통의 치마저고리를 입는 게 기본이지만 최근에는 다르게 하는 경우도 많아요.

♥ 깃 부분이 튼튼한지, 바느질 상태와 마무리가 깨끗한지를 살펴보세요.

♥ 한복의 원단은 습기에 약하므로 크게 접어서 상자 안에 넣은 다음, 옷장 위쪽에 보관하세요.

♥ 한복 보관 시 접은 한복을 한지로 한 번 두르고 방습제 및 방충제를 같이 넣어주세요.

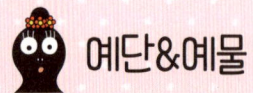
예단&예물

[예단]

체크리스트		내용	비고
현금 예단	현금		
	예단 서식지		
	예단 편지		

체크리스트		내용	금액
업체 정보	업체명		
	연락처		
	담당자		
현물 예단	은수저		
	반상기		
	이부자리		
	서비스		
기타			
총비용			

미니 체크박스

♥ 예단 업체 최종 결정 시 체크 사항 ♥

☐ 주문일 :

☐ 예단 찾는 날 :

☐ 예단 드리는 날 :

[예물]

체크리스트		내용	
업체 정보	업체명		
	연락처		
	담당자		

체크리스트		내용	금액
예물 품목	커플링(남)		
	커플링(여)		
기타	서비스		
	총비용		

미니 체크박스

♥ 예물 업체 최종 결정 시 체크 사항 ♥

☐ 계약일 :

☐ 예물 찾는 날 :

HONEY TIP

- ♥ 예단, 예물이 양가 집안의 자존심 싸움으로 이어지는 일이 많아 최근엔 생략하기도 하지만, 꼭 어른들과 상의하고 결정하세요.
- ♥ 빚이나 돈 문제와 관련해서는 큰돈이든 작은 돈이든 반드시 서로 오픈하고 시작하세요.
- ♥ 무리한 요구 시 그냥 넘기면 후에 반드시 그걸로 싸우게 되니, 너무하다 싶은 건 무조건 해결하고 가세요.
- ♥ 예물은 현금예단, 현물예단으로 나뉘는데 두 가지를 절충하거나 현금예단만 하는 경우도 많습니다.
- ♥ 예단 편지를 쓸 때 글재주가 없으면 예쁜 카드에 짧게 써서라도 드리도록 하세요.
- ♥ 예단을 시댁 식구의 누구에게까지 해야 할지 등 이런 건 민감한 문제이므로 시부모님과 충분히 상의하고 결정하세요.
- ♥ 예단은 통상적으로 본식 올리기 한두 달 전쯤 보내지만 예단품목 중에는 제작하는 데 1개월 이상 소요되는 것도 있어 미리 준비하는 게 좋아요.
- ♥ 예물은 예산과 상황에 따라 천차만별로 달라질 수 있으니 다른 사람 말에 휘둘리지 않고 본인의 상황에 맞게 구성하세요.
- ♥ 예물은 너무 고가의 것이거나 트렌디한 것보다는 유행을 타지 않으면서 평소에도 하고 다닐 수 있는 게 좋아요.
- ♥ 예물 구입 시 사후 애프터 서비스가 되는지, 특히 보석은 감정서나 재매입 여부, 매입가 등을 확인하세요.

 결혼식

[예약 업체 최종 체크리스트]

체크리스트	예약 업체	준비사항	담당자 / 연락처
본식 스튜디오			
드레스			
헤어&메이크업			
부케			
폐백			
DVD			
혼주 메이크업			
스냅 사진			
웨딩 동영상			

[본식 최종 체크리스트]

체크리스트		체크	체크리스트		체크
예식장	식장 대여		사진	본식 사진	
	주례			DP 액자	
	사회자			식전 영상	
	폐백 음식				
	연주				
	축가				
	접수자		예물	커플링	
	피로연 담당자				
			음식	메인 메뉴	
				음료	
의상	드레스		웨딩카	웨딩카 상식	
	턱시도		허니문	비행기표	
	예복, 한복			여권	
	속옷			캐리어	
	구두				
미용	헤어				
	메이크업				
꽃	부케		기타		
	부토니아				
	코사지				
	예식장 꽃장식				

HONEY TIP

♥ 이 세상 모든 여자는 결혼 전 '내가 잘하는 걸까?'라는 고민을 한다고 하니, 너무 깊이 생각하지 마세요!

♥ 결혼식 전날 충분한 수면이 필요하므로, 잠이 오지 않더라도 일찍 잠에 들 수 있게 노력하세요.

♥ 결혼식 전날 잠들기 전에 피로회복제를 섭취하면 다음 날 눈에 충혈을 가라앉히는 효과가 있어요.

♥ 결혼식이 끝날 때까지는 정신이 하나도 없기 때문에 식 전에 소화가 잘되고 기운이 나게 하는 음식을 꼭 먹고 오세요.

♥ 화장실을 오가는 게 불편하므로 물을 마시는 건 최대한 자제하세요.

♥ 당일 필요한 헬퍼비 등은 현금으로 미리 챙겨놓고 흰 봉투에 담아서 꺼내기 좋은 곳에 보관하세요.

♥ 최근에는 친한 친구들에게 각자 일회용 카메라를 주고 찍어달라는 부탁을 하기도 합니다. 재미있는 추억이 될 거예요.

♥ 동영상은 사진이 줄 수 없는 식의 과정이나 표정, 소리 등을 생생히 담을 수 있어 결혼 후에도 볼 때마다 매우 애틋하게 다가올 것입니다

♥ 결혼식을 끝내고 신혼여행을 떠나기 전 하객분들께 감사 전화나 메시지를 보내세요. 그때가 가장 좋은 타이밍입니다.

웨딩드레스 스케치 도안　　　　　[필수템]

웨딩드레스 투어 시 대부분의 업체에서 드레스 촬영을 금지하므로 같이 가는 사람에게 꼭 스케치를 하고 중요한 특징을 메모해달라고 부탁하세요. 꽤 많은 드레스를 입기때문에 투어를 하고 나면 기억이 잘 안 납니다.

♥ 드레스숍 :

　　　　　　　　　　앞　　　　　　　　　　　　　　　　뒤

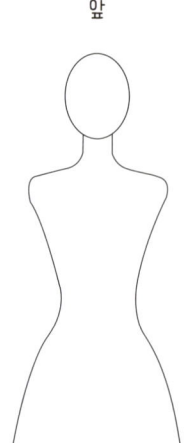 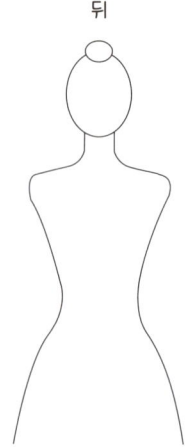

총 만족도	☆ ☆ ☆ ☆ ☆								
드레스 상태	(더러움)	1	-	2	-	3	-	4	-	5	(깨끗함)
어울림	(안 어울림)	1	-	2	-	3	-	4	-	5	(어울림)
피팅감	(나쁨)	1	-	2	-	3	-	4	-	5	(좋음)
특징									

♥ 드레스숍 :

앞   뒤

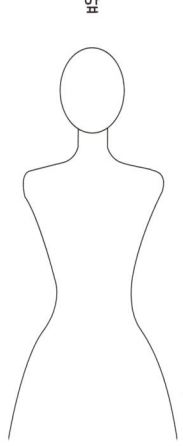
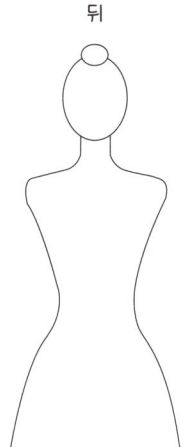

총 만족도		☆ ☆ ☆ ☆ ☆				
드레스 상태	(더러움)	1 - 2 - 3 - 4 - 5				(깨끗함)
어울림	(안 어울림)	1 - 2 - 3 - 4 - 5				(어울림)
피팅감	(나쁨)	1 - 2 - 3 - 4 - 5				(좋음)
특징						

♥ 드레스숍 :

앞   뒤

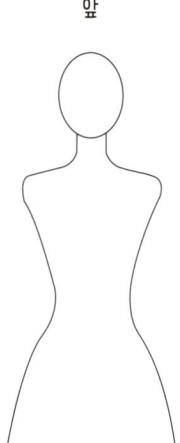
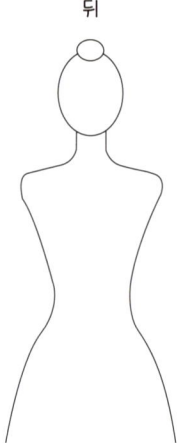

총 만족도	☆☆☆☆☆								
드레스 상태	(더러움)	1	-	2	-	3	-	4	-	5	(깨끗함)
어울림	(안 어울림)	1	-	2	-	3	-	4	-	5	(어울림)
피팅감	(나쁨)	1	-	2	-	3	-	4	-	5	(좋음)
특징